Königs Fitness

Werner Rebl

Informieren – Beschreiben

Klasse 5/6

Bange Verlag

Über den Autor
Werner Rebl studierte an der Johannes-Gutenberg-Universität Mainz für das Lehramt an Gymnasien und unterrichtet an einer Integrierten Gesamtschule die Fächer Deutsch, Ethik, Bildende Kunst, Französisch und Offenes Lernen. Außerdem arbeitet er als Moderator beim Erziehungswissenschaftlichen Fort- und Weiterbildungsinstitut EFWI Landau/Pfalz (Methoden- und Kommunikationstraining, Lern- und Arbeitstechniken, Leseförderung, Teamentwicklung, Differenzierung) und als externer Teamleiter bei der Agentur für Qualitätssicherung, Evaluation und Selbstständigkeit von Schulen, Bad Kreuznach.

3. Auflage 2019
ISBN 978-3-8044-1509-6

Lektorat: Michael Banse, Leipzig
Umschlaggestaltung: Steffen Schmitt
Zeichnungen: Rosanna Pradella, Eckhard Lange
Herstellung: PER Medien+Marketing GmbH, Braunschweig
Druck und Weiterverarbeitung: Finidr, s. r. o., Český Těšín

Inhalt

Vorwort

Fitness-Einheit 1

Beschreiben – Erzählen – Informieren

Brief – E-Mail – SMS und Einladung

Wissen ... 7
Kurs ... 10
Training ... 15
Check ... 21

Fitness-Einheit 2

Wegbeschreibung

Von Orts- und Stadtplänen, Piktogrammen und Verkehrszeichen

Wissen ... 23
Kurs ... 25
Training ... 32
Check ... 38

Fitness-Einheit 3

Vorgangsbeschreibung

Allerlei Vorgänge und Tätigkeiten

Wissen ... 40
Kurs ... 41
Training ... 47
Check ... 52

Fitness-Einheit 4

Gegenstandsbeschreibung

Flugzeuge, Möbel, Schmuck und Nützliches im Garten

Wissen ... 54
Kurs ... 55
Training ... 59
Check ... 64

Fitness-Einheit 5

Personen- und Tierbeschreibung

Menschen, Marder, Schaf und Schnucke

Wissen ... 66
Kurs ... 67
Training ... 72
Check ... 76

Fitness-Einheit 6

Bildbeschreibung/Bilderfolge

Von Kunst und Karikatur

Wissen ... 79
Kurs ... 80
Training ... 86
Check ... 91

Fitness-Einheit 7

Anleitung

Bastel- und Spielanleitung, Gebrauchsanweisung und Kochrezept

Wissen ... 93
Kurs ... 95
Training ... 100
Check ... 105

Lösungen

Fitness-Einheit 1 ... 107
Fitness-Einheit 2 ... 113
Fitness-Einheit 3 ... 119
Fitness-Einheit 4 ... 124
Fitness-Einheit 5 ... 128
Fitness-Einheit 6 ... 132
Fitness-Einheit 7 ... 137

Vorwort

So arbeite ich mit dem Buch

Liebe Schülerin, lieber Schüler,

mit diesem Buch kannst du dein Wissen über alle Arten von **Beschreibungen** und **Anleitungen** vertiefen und ergänzen. Ob Beschreibungen in Briefen, SMS und E-Mails oder **Gegenstands-**, **Personen-** und **Tierbeschreibungen** bis hin zu **Bildbeschreibungen** und den **verschiedenen Formen von Anleitungen**, hier übst du ein, wie du sicherer beim Verstehen und richtigen Verfassen dieser Texte wirst. Neben diesen Fähigkeiten erhältst du auch eine gründliche **stilistische und sprachliche Schulung**.

Die vorliegende Lernhilfe zeigt dir den richtigen Weg zum **Beschreiben**, sodass du möglichst **schnell Erfolge** bei dir feststellen kannst.

Aufbau
Das Buch besteht aus sieben Fitness-Einheiten, jede Einheit aus vier Teilen:
Wissen, Kurs, Training, Check.
Wenn du jede Einheit systematisch durcharbeitest, bekommst du eine **sichere Grundlage und ausreichende Kenntnisse**, um die Aufgaben zu lösen.
Das Buch ist so aufgebaut, dass du dir den Stoff in wohldosierten Portionen selbst aneignen kannst.
Die Seiten sind in zwei Spalten angelegt: links die Aufgaben, rechts das Material, mit dem gearbeitet wird. Das erleichtert dir die Übersicht. Durch das **DIN-A4-Format** hast du viel **Platz**, um deine Lösungen **direkt hineinzuschreiben**.

1. **Wissen:** Hier erhältst du einen **Überblick über die wichtigsten Merkmale von Texten mit Beschreibungen** zu dem jeweiligen Thema der Fitness-Einheit. Schau dir diese Seiten in jedem Fall noch einmal an, dann bist du sicher im Stoff.

2. **Kurs:** In diesem Teil wird dir alles Schritt für Schritt vermittelt. **Konzentriere deine Arbeit besonders auf diejenigen Aufgaben, bei denen du noch Schwierigkeiten hast.**

3. **Training:** Hier kannst du dich noch **intensiver** mit dem jeweiligen Lernstoff auseinandersetzen und **üben**. Dabei ergibt es durchaus Sinn, die Aufgaben portionsweise durchzuarbeiten, entsprechend deinem Interesse und deinen eigenen Zielvorstellungen und den jeweils anstehenden Klassenarbeiten.

4. **Check:** Hier merkst du schnell, ob du alles beherrschst und fit für die Klassenarbeit bist: Du kannst dein Wissen und Können **testen**. Zur erreichten Punktzahl findest du einen Kommentar zu deinem Leistungsstand, mit entsprechenden **Tipps zur Weiterarbeit**.

Die Fitness-Einheiten sind in sich geschlossene Übungslektionen.
Dadurch musst du nicht das Buch systematisch von Beginn an durcharbeiten, sondern kannst auch gezielt, je nach deinen Fehlerschwerpunkten, Einheiten üben. Hast du aber grundsätzlich Schwächen beim Verstehen und Formulieren von Beschreibungen, Anleitungen usw., lohnt sich der Einstieg bei der Fitness-Einheit 1.

Viel Spaß mit diesem Buch wünscht

Werner Rebl

Vorwort

So arbeiten Sie mit Ihrem Kind in diesem Buch

Liebe Eltern,

Ihr Kind hat Schwächen beim Verstehen und Verfassen von **Beschreibungen** in **Briefen**, **SMS** und **E-Mails, Gegenstands-** und **Personenbeschreibungen** oder **Bildbeschreibungen** und den **verschiedenen Formen von Anleitungen**. Sie möchten Ihrer Tochter oder Ihrem Sohn gezielt helfen, sich zu verbessern. In diesem Buch sind alle lehrplanrelevanten Themen und Aufgaben enthalten. So können Sie Ihr Kind optimal bei der Vorbereitung auf den Unterricht und auf Klassenarbeiten unterstützen.

Dieses Buch gliedert sich übersichtlich in sieben Fitness-Einheiten, die alle für die Jahrgangsstufen wichtigen Bereiche des Beschreibens behandeln. Die Konzeption des Buches verfolgt dabei das Ziel, die in den **Bildungsstandards** beschriebenen **Fähigkeitsniveaus** zu berücksichtigen. Die dort festgelegten **Kompetenzen** bilden die Grundlage für die Einheit Check. Aus den Tests und Testergebnissen am Schluss erfahren Sie, was Ihre Tochter oder Ihr Sohn noch üben und vertiefen muss.

Praktisch können Sie in mehrfacher Weise mit dem Buch arbeiten:

Gemeinsames Arbeiten mit dem Kind
Sie können mit Ihrem Kind jede Fitness-Einheit komplett gemeinsam durcharbeiten. Oder aber, Sie lassen, nach gemeinsamer Arbeit am Kursteil, Sohn oder Tochter den Trainingsteil selbstständig ausfüllen. Den Check machen Sie dann wieder gemeinsam.
Das Buch ist so angelegt, dass Sie je nach Lernstand und Fähigkeit Ihres Kindes den Lernstoff dosieren können. Dabei hilft Ihnen die Gliederung in Fitness-Einheiten und jeweils in die vier Teile **Wissen, Kurs, Training** und **Check**.
Außerdem ist das Buch Seite für Seite in zwei Spalten angelegt. Links die Aufgaben, rechts das Material, mit dem gearbeitet wird. Diese Anordnung ermöglicht es, je nach Kenntnisstand Ihres Kindes vorab individuell die speziellen Aufgaben auszuwählen, bei denen Ihr Sohn oder Ihre Tochter in der Schule immer wieder Schwächen zeigt. Andere, die keine Probleme bereiten, können übersprungen werden. Die Einheit muss also nicht immer nach der Reihenfolge der Aufgaben erarbeitet werden. Durch das **DIN-A4-Format** ist **Platz** vorhanden, um Lösungen **direkt hineinzuschreiben**.

Der Zeitaufwand ist abhängig vom bereits vorhandenen Kenntnisstand und vom Grad der Auffassungsgabe Ihres Kindes. Bei großen Lücken sollte schon bis zu einer Stunde wiederholt und geübt werden. Aber zwei Nachmittage pro Woche reichen aus.

Selbstständiges Arbeiten des Kindes
Jede Einheit ist gleich aufgebaut. Somit ist es Ihrem Sohn oder Ihrer Tochter möglich, sich auch vollkommen selbstständig eine Einheit vorzunehmen und diese zu erarbeiten, ohne dass Sie dabeisitzen.

Gezieltes Wiederholen
Wenn Sie die Schwächen Ihres Kindes kennen, dann wählen Sie gezielt aus: spezielle Einheiten, bestimmte Aufgaben. Gliederung und Spaltenanordnung helfen dabei. So werden vorhandene Wissenslücken geschlossen oder Verständnisprobleme behoben.

Der unterrichtsbegleitende Kurs
Unterrichtsbegleitend können Sie die Einheiten nach und nach bearbeiten lassen. Wenn Ihr Kind an zwei Nachmittagen pro Woche eine Einheit bearbeitet, durchläuft es einen Kurs ohne viel Aufwand. Idealerweise beginnen Sie dann am Anfang eines Halbjahres mit den Fitness-Einheiten.

Ihrem Kind und Ihnen wünschen wir also viel Spaß bei den Übungen, ein entspanntes Lernen und natürlich den angestrebten Erfolg.

Werner Rebl

Beschreiben – Erzählen – Informieren

Beschreiben
Beim Beschreiben müssen wir überlegen, welche Worte wir wählen um verstanden zu werden. Denn wir möchten, dass unsere Gesprächspartner mit unserer Beschreibung etwas anfangen können. Das können sie, wenn wir treffende Adjektive, Verben und Nomen verwenden. Was wir gesehen, gehört, gefühlt, gespürt, geschmeckt haben, muss in geeignete Worte gepackt werden, damit es nicht zu Verwechslungen und Missverständnissen kommt. Auch sollten unsere Sätze nicht zu kompliziert sein.

Erzählen
Wenn wir anderen erzählen, was wir erlebt haben, zum Beispiel in den Ferien, achten wir oft weniger darauf, wie wir es mitteilen. Wir möchten einfach unsere Freude, unser Erstaunen oder auch unseren Kummer zum Ausdruck bringen über das, was passiert ist. Die Reihenfolge ist dabei oft weniger wichtig.

Informieren
Beim Informieren geht es darum, bestimmte Personen von etwas in Kenntnis zu setzen. Das kann ein Konzert, eine Feier, ein Spiel, ein Sportfest sein. Dazu werden Angaben zum Zeitpunkt, Ort und Ablauf benötigt. Je nachdem, ob wir einen Freund oder eine Freundin informieren möchten oder ob es fremde Personen sind, wählen wir eine vertraute, gefühlvolle, höfliche oder sachliche Anrede und Sprache.

Beschreiben

Alex und Ina vermissen ihre Katze. Damit die entlaufene Katze wiedergefunden werden kann, machen sie einen Aushang in der Nachbarschaft:

Seit vorgestern, also Mittwoch, den 7. Oktober, vermissen wir, Alex und Ina, unsere Katze. Sie hört auf den Namen Mimi, hat ein dichtes schwarzes Fell und ist kräftig. An ihrem rechten Vorderfuß hat sie eine kleine Verletzung. Sie trägt ein braunes Halsband und frisst gern Thunfisch.
Zuletzt haben wir sie auf der Wiese hinter unserem Haus gesehen. Wer hat etwas beobachtet? Wir sind für jeden Hinweis dankbar.
Meldet euch unter der Telefonnummer 627189 oder bei uns zu Hause, Schillerstraße, Hausnummer 8 (Schulz). Danke!

Erzählen

Christa erzählt in ihrer Klasse, wie sie ihre Ferien verbracht hat:

„Wir waren zwei Wochen in Spanien am Meer. Zuerst war es so heiß, dass ich schon am ersten Tag fast einen Sonnenbrand bekam. Jeden Tag war ich im Pool schwimmen, denn im Meer war es zu kalt und die Wellen waren ziemlich hoch. Ratet mal, wen ich in unserem Urlaub getroffen habe! Es waren Tim und Atessa aus der Parallelklasse. Die waren auch mit ihren Eltern im selben Ferienort wie wir."

Informieren

Die Klasse 6 b feiert ein Klassenfest und verfasst eine Einladung, zu der auch die Eltern eingeladen werden:

Liebe Eltern,

am 16. Juni feiern wir unser Klassenfest in unserem Klassenraum, Nr. 205. Um 11 Uhr geht's los.
Wir würden uns noch über Spiele und Bälle freuen.
Könnten Sie, liebe Eltern, noch Salate spenden?
Wir freuen uns auf Ihr Kommen!

Bis bald und viele Grüße
Die Klasse 6 b

Persönliche und offizielle Mitteilungen

Persönliche Mitteilungen sind oft umgangssprachlich. Die Anredeform ist du und eine eher lockere Sprache herrscht vor. Bei E-Mails und SMS werden Wörter häufig abgekürzt. In SMS sind oft nur Bruchstücke eines Satzes, diese müssen jedoch ausreichen, dass der Leser die Botschaft versteht.

Offizielle Briefe

In offiziellen Briefen darf die höfliche Anrede (Sie, Ihnen) nicht fehlen. Der Text ist in einer höflichen, sachlichen Sprache verfasst. In der Betreffzeile wird der Anlass des Briefes genannt.

Die äußere Form des Briefes hat einen klaren Aufbau. Besonders wichtig ist er beim offiziellen Brief.

Tipp: Nach der Anrede ein Komma setzen und klein weiterschreiben!

Persönliche Briefe, SMS, E-Mails

Anredeformen: Hi, Hallo

Grußformel: Tschüs, bis bald, ciao, hab dich lieb, es grüßt dich, herzliche Grüße sendet dir, viele liebe Grüße von
Text: umgangssprachlich, lockere Sprache *(Beispiel: „Die Party war Spitze!", „Ich bin gut drauf!")*

Verkürzung von Texten in SMS:
statt: „Das Treffen wurde von 13 auf 15 Uhr verschoben."
„neuer Termin 15 Uhr"

Anredeformen: Sehr geehrter Herr Pohl, sehr geehrte Frau Meier, sehr geehrte Damen, sehr geehrte Herren
Betreffzeile: Einladung zur Abschlussfeier
Text: höfliche, sachliche Sprache *(Beispiel: „Ich bitte um Ihre Rückmeldung bis nächste Woche.")*
Grußformel: mit freundlichen Grüßen

____________________ (eigener Name und Adresse)

____

____________________ ____________ (Datum)

____________________ (Betreffzeile)

______________________________, (Anrede)

____

____

____

____

____________________ (Grußformel)

____________________ (Unterschrift)

Wissen

Es gibt unterschiedliche Anlässe einen Brief zu schreiben, zum Beispiel:
- jemanden um etwas bitten
- jemanden von etwas in Kenntnis setzen
- sich um eine Stelle bewerben
- jemanden zu etwas einladen
- sich bei jemandem für etwas entschuldigen
- sich bei jemandem nach etwas erkundigen

jemanden um etwas bitten

Hallo Julian,

können deine Eltern mich mitnehmen, wenn sie dich von der Schule abholen? Ich habe in eurem Wohnort Klavierunterricht.

Gruß von Laura

jemanden von etwas in Kenntnis setzen

Liebe Klassenkameraden,

die Proben für unsere Bigband fallen die nächsten beiden Wochen leider aus, da unser Musiklehrer noch länger krank ist.

Euer Klassensprecher Marvin

sich bei jemandem nach etwas erkundigen:

Hallo,

unsere Klasse würde gern nächste Woche in Ihrem Kino den neuesten Film ansehen. Gibt es Ermäßigungen für Gruppen?

Die Klasse 6 a der Weihergartenschule

Brief, E-Mail, SMS

Es kann unterschiedliche Gründe dafür geben einen Brief, eine E-Mail oder SMS zu schreiben.

1 Lies die folgenden Briefe. Welche Absicht verfolgen die Verfasser des Briefes jeweils?

Wähle aus:
Informationen einholen
um einen Gefallen bitten
sich über etwas beschweren
sich für etwas entschuldigen
zu einem Fest einladen
jemanden überreden wollen
über etwas informieren
ein Erlebnis erzählen
jemanden warnen

Liebe Tessa,

das Buch, das du mir ausgeliehen hast, hat leider ein paar Knicke gekriegt. Es tut mit leid! Sobald ich wieder Taschengeld bekomme, werde ich dir ein Neues kaufen.

Ganz liebe Grüße von Rolf

Absicht: ______________________________

Hallo, alle aus der Klasse 6,

wegen unserer Projektpräsentation brauchen wir den Platz im Flur. Hängt ihr bitte bis Montag eure alten Plakate ab? Danke!

Eure Klasse 5c

Absicht: ______________________________

Liebe Mitarbeiter im Fremdenverkehrsamt Kassel,

wir möchten in zwei Monaten unsere Klassenfahrt nach Kassel unternehmen. Würden Sie uns bitte einige Prospekte schicken, damit wir uns besser auf die Fahrt vorbereiten können?

Ihre Klasse 6a

Absicht: ______________________________

Liebe Emmi,

du hast mir zwar schon gesagt, dass du wegen des Ausflugs mit deinen Eltern nicht zu meinem Fest kommen kannst. Ich bin aber sehr traurig darüber. Kannst du den Ausflug nicht verschieben? Es gibt auch eine ganz besondere Überraschung für dich!

Deine Sonja

Absicht: ______________________________

Hi Tim,

die Druckerpatronen findest du in der zweiten Schublade von oben. Wenn sie dort nicht sind, schau bitte im Regal nach (dritter grüner Karton von rechts). Ich hoffe, du blickst durch!

LG Jennifer

Absicht: ______________________________

2 **Tessa, Emmi und Tim sind nur per SMS zu erreichen. Kürze die Texte entsprechend.**

SMS an Tessa:

SMS an Emmi:

SMS an Tim:

3 **Die Klasse 6 d hat eine Checkliste für eine Einladung zu einem Sommerfest erstellt. Ergänze die Fragen, die noch fehlen.**

Wen wollen wir einladen?

Was soll es zu trinken und zu essen geben?
Wie soll das Fest ablaufen?
Wer organisiert den Getränke- und Essensverkauf?

4 **Schreibe eine Einladung zu einem Straßenfest in eurer Straße. Informiere genau: Wer? Wo? Was? Wann? Wie? Achte auf die äußere Form des Briefes.**

Tipps:
Nach der Anrede ein Komma setzen und klein weiter schreiben!
Informiere den Gast, was er mitbringen soll. Teile ihm deine Freude über sein Kommen mit.
Was bekommt der Gast auf dem Fest geboten?
Soll der Gast etwas mitbringen (Salat, Geschirr, Besteck …?)
Vergiss nicht Anrede, Gruß und Unterschrift.

(eigener Name und Adresse)

(Datum)

(Betreffzeile)

, (Anrede)

(Grußformel)

(Unterschrift)

5 **Du kannst einige Leute, die du einladen möchtest, leider nicht erreichen, da sie noch im Urlaub sind. Schreibe ihnen eine SMS.**

____

____

____

____

____

6 a **Die Briefteile der Einladung sind durcheinander geraten. Nummeriere sie in der richtigen Reihenfolge von 1 bis 13.**

b **Schreibe nun die Einladung in der richtigen Form auf ein DIN-A4-Blatt.**

◯ mit steinzeitlichen Grüßen

◯ Frankfurt, 10.03.2010

◯ Vanessa Lammert
Klassensprecherin der Klasse 5a

◯ Einladung zur Projektpräsentation

◯ Ein Kommen lohnt sich, denn bei unserer Tombola können Sie interessante Preise gewinnen.

◯ Wir freuen uns riesig, wenn Sie kommen.

◯ Liebe Eltern,

◯ Ihre Vanessa Lammert (für die Klasse 5 a)

◯ Alle fünften Klassen stellen ihre Beiträge zum Projekt „Steinzeit“ vor.

◯ In den Klassenräumen und Fluren stellen wir unsere selbst hergestellten Waffen, Werkzeuge, Tongefäße, Schmuckstücke und Tierzeichnungen aus.

◯ wir wollen am Mittwoch, den 10.03.2010, von 14 bis 18 Uhr, unser Steinzeit-Projekt präsentieren.

◯ Auf dem Schulhof findet um 15.30 Uhr eine Theateraufführung statt.

◯ Für Essen und Trinken ist gesorgt. Es gibt auch Stockbrot.

7 **Sieh dir den Brief an. Welche Briefteile (Absender, Datum, Anrede, Text, Grußformel, Unterschrift) fehlen oder sind falsch?**

Was könnte Stefanie ihrem Freund Hendrik noch mitteilen?

Schreibe den Brief neu auf und füge hinzu, was noch fehlt.

Stefanie Schulz
Mühlgasse
München Mai

Seit meinem Umzug nach München ist schon viel Zeit vergangen. Leider komme ich erst jetzt dazu mich bei dir zu melden. Kommst du mich mal besuchen, vielleicht im Sommer? Ich freue mich auf deine Nachricht.

Deine Stefanie

Diese Briefteile fehlen:

____

Stefanie könnte Hendrik noch mehr mitteilen, zum Beispiel:

____

____

8 **Ergänze in dem Brief die Anredepronomen (Sie, Ihrer, Ihnen, Ihren, Ihrem, Ihre, Ihr).**

Tipp: Anredepronomen werden großgeschrieben, wenn du zur Person, der du schreibst, „Sie" sagst.

Klasse 5 c
Nibelungenschule

Lieber Herr Dornhöfer,

wir bedauern es sehr, dass ______ nicht mehr unser Klassenlehrer sind. Mit ______ war es immer sehr lustig und das Lernen hat großen Spaß gemacht. Wie geht es übrigens ______ Hund Timmy? Bleibt ______ Tochter Lucie noch an unserer Schule? ______ haben noch ______ CD-Player in unserer Klasse vergessen. Wir alle würden uns sehr freuen, wenn ______ uns mal besuchen könnten und auch ______ süßer Hund dabei wäre. Es grüßt ______ ganz herzlich

______ ehemalige Klasse 5 c

9 Ergänze in dem Brief die Anredepronomen (euer, euch, eurem, eure, ihr).

Lieber Philipp, liebe Klara,

über ______ Geschenk habe ich mich sehr gefreut. Für meinen nächsten Zelturlaub kann ich es sicher gut gebrauchen. Vielleicht habt ______ ja Lust mitzufahren. Mit ______ wird es bestimmt lustig! Von ______ kaputten Zelt könnt ihr ______ trennen, denn ich habe jetzt ein neues Zelt, in dem für uns alle genug Platz wäre. Ihr müsst nur an ______ Schlafsäcke und Luftmatratzen denken.

Ich freue mich, wenn ______ beim nächsten Mal mitkommt.

______ Carsten

Fitness-Einheit

Training

1 Beschreiben – Erzählen – Informieren

1 Schreibe eine Einladung zu deiner Geburtstagsfeier. Berücksichtige, dass manche deiner Gäste den Weg noch nicht kennen und einige den Bus nehmen.

2 Stell dir vor, du hast dich beim Radfahren am Knöchel oder Arm verletzt und kannst nicht zu einer Geburtstagsparty kommen, zu der du eingeladen warst. Schreibe

a eine E-Mail

b oder SMS,

in der du dein Fehlen entschuldigst.

3 Welcher der beiden Beschwerdebriefe (A oder B) ist besser gelungen? Begründe.

A

Hallo Herr Schmidt,

als Klassensprecherin der Klasse 5d will ich Ihnen die Meinung der Klasse sagen. Sie geben uns viel zu viele Hausaufgaben auf. Das finden wir überhaupt nicht gut. Die Klasse will, dass Sie das ändern.

Carmen Stoll, Klassensprecherin der 5 d

B

Sehr geehrter Herr Schmidt,

die Klasse 5 d hat mich gebeten Ihnen mitzuteilen, dass in letzter Zeit die Hausaufgaben für alle eine große Belastung sind, auch für mich selbst. Wir haben das Gefühl, dass sie zu schwer sind und wir für nichts Anderes mehr Zeit haben. Wir würden gern mit Ihnen mal darüber reden, ob es hier eine andere Lösung gibt.

Carmen Stoll, Klassensprecherin der 5 d

Ich finde _____ besser gelungen, weil _______________

____

____

____

____

4 Stell dir vor, du bist in die Sommerferien gefahren und schreibst eine Ansichtskarte an einen Freund oder eine Freundin. Fasse dich kurz!

Tipps: Denke auch daran, was den Leser deiner Karte interessiert:
Bist du gut angekommen?
Was gefällt dir im Urlaub?
Erholst du dich gut?
Gibt es Überraschungen?
Teile nur das Wichtigste mit.
Achte auf eine sinnvolle Reihenfolge.

5 Michelle möchte an ihren Freund Philipp eine Postkarte aus dem Skiurlaub schicken. Ihr Text passt leider nicht ganz drauf. Kürze ihn so, dass der Platz auf der Karte dafür ausreicht.

Lieber Philipp,

hier im Skigebiet haben wir total viel Schnee. Gestern waren wir zum ersten Mal auf der Piste. Es macht Spaß und das Wetter ist super zum Skifahren. Unsere Pension liegt nicht weit von der Skipiste entfernt. Sie ist sehr gemütlich und das Essen ist auch lecker. Übermorgen machen wir einen Abstecher nach Innsbruck, am nächsten Samstag geht es dann wieder nach Hause. Ich hoffe, es geht euch gut und dein kleiner Bruder kann bei euch noch Schlitten fahren. Hier jedenfalls könnte er es gut. Morgen soll es wieder Neuschnee geben.

Es grüßt dich ganz herzlich
Deine Michelle

6 Für ein Sportfest werden noch verschiedene Materialien, Bälle usw. benötigt. Du schreibst im Auftrag deiner Klasse an einen Sportverein und bittest ihn um finanzielle Unterstützung.

____

____

____

____

____

____

____

7 Ergänze die fehlenden Angaben im Einladungsschreiben.

Hallo ________________,

________________ feiere ich meinen Geburtstag.

Das wollen wir an diesem Tag alles machen:

____

Das könnt Ihr noch mitbringen:

____

Das brauchen wir auch noch:

____

Es wäre schön, wenn

____

Es grüßt ________________

____

8 Du möchtest von einem Fremdenverkehrsamt Informationen bekommen. Verfasse aus den Namenwörtern (Nomen) einen Brief.

Fremdenverkehrsamt   Kaiserslautern

Informationen   Stadt   Klassenfahrt

Sehenswürdigkeiten   Jugendherberge

Freizeit   Sport   Shopping

9 Welche Absicht verfolgt der Schreiber des Briefes?

An welchen Stellen ist der Brief ungenau? Markiere die Stellen und ergänze, was fehlt.

Hi, alle Teilnehmer der Skifreizeit,

wie schon im letzten Jahr wollen wir auch dieses Jahr wieder nach Österreich zur Skifreizeit fahren. Den Termin und die Kosten könnt ihr erfragen. Dort erhaltet ihr auch das Anmeldeformular. Da wir beim letzten Mal einen Skiunfall hatten, sollten keine Anfänger mitfahren.

Der Schreiber will

Folgendes würde ich ergänzen:

10 **Ein Schüler kommt aufgeregt zu seiner Klassenlehrerin und berichtet, was er soeben in der Pause gesehen hat.**

Also da war plötzlich dieser Junge und all das viele Blut. Angefangen hat der eine, das habe ich genau gesehen. Einfach so ist der auf die anderen los. Und dann die Schmerzensschreie, es war einfach schlimm. Mir ist immer noch ganz schlecht. Kommen Sie sofort!

Welche Informationen hat die Lehrerin bekommen?

Diese Informationen hat die Lehrerin bekommen:

____

____

Welche Fragen muss sie noch stellen, um sich ein Bild von der tatsächlichen Lage zu machen?

Diese Fragen muss sie noch stellen, damit sie handeln kann:

____

____

____

____

____

____

____

____

____

____

____

____

11 **Denke dir einen Vorfall aus, bei dem jemand Hilfe braucht. Damit eine rasche Hilfe möglich ist, musst du genau angeben, was du beobachtet hast.**

Folgendes ist vorgefallen:

____

____

____

____

____

____

____

____

12 Stell dir vor, du hast dir ein Handy oder irgendein anderes technisches Gerät gekauft. Leider ist es defekt.

Schreibe einen Reklamationsbrief an die Herstellerfirma oder das Geschäft, wo du die Ware gekauft hast.

Tipp: Achte darauf, dass du genau beschreibst, was defekt ist!

Check

1 Beschreiben – Erzählen – Informieren

Mit Hilfe dieses Tests kannst du dein Wissen und Können selbst überprüfen.

25 Punkte kannst du ereichen.
So erfährst du, was du schon kannst oder erneut durcharbeiten solltest.

1 Aus welchen Bestandteilen besteht ein Brief?

__/6

______ ______ ______
______ ______ ______

2 Ergänze die Lücken.

__/2

Wenn ich jemandem eine Information zukommen lasse, orientiere ich mich an diesen Fragen:

Wer? Was? Wie? Warum? ______? ______?

3 Füge die richtigen Anredepronomen ein.

__/5

Hallo Walter, Hi Christine,

nach ______ letzten Brief habe ich lange nichts mehr von ______ gehört. ______ Vater habe ich aber kürzlich getroffen. Er sagte mir, dass ______ vorhabt mich bald zu besuchen. Ich würde sehr darüber freuen.

Liebe Grüße von ______ Michael

4 Worauf kommt es beim Beschreiben an?

__/3

Es kommt beim Beschreiben darauf an, dass

______

5 In welchen Fällen ist es wichtig genaue Informationen zu geben?

__/2

Beispiel: ______

6 Kreuze die richtige Antwort an.

__/2

- ☐ Bei offiziellen Briefen wähle ich die Umgangssprache.
- ☐ Ein offizieller Brief enthält eine Betreffzeile.
- ☐ Nach der Anrede steht ein Komma.
- ☐ Nach der Anrede wird groß weiter geschrieben.

7 Nenne Beispiele für Grußformeln in Briefen und E-Mails.

__/2

Die Grußformel für den offiziellen Brief lautet:

____

Grußformel für den persönlichen Brief:

____

8 Nenne drei unterschiedliche Schreibabsichten in Briefen oder E-Mails.

__/3

____

____

____

____

____

____

Punktzahl gesamt: ______ von 25 Punkten

Rückmeldung zu deinen Testergebnissen:

25 – 20 Punkte: Tolle Leistung! Du kennst dich wirklich gut in dieser Einheit aus und kannst stolz auf deine Arbeit sein.

19 – 11 Punkte: Du hast vieles schon verstanden, aber einzelne Bereiche bereiten dir offenbar noch Schwierigkeiten. Sieh dir diese Seiten gründlich an und mache die entsprechenden Übungen noch einmal.

10 – 0 Punkte: Das war leider noch nicht so erfreulich. Sicher hast du mehr erwartet. Du kannst es auch erreichen, wenn du die Kurs- und Trainingsseiten erneut gründlich durcharbeitest. Wenn etwas unklar ist, sieh dazu im Wissensteil nach!

Wegbeschreibung

Wer sich in einer Gegend, einer Stadt oder einem Dorf nicht auskennt, muss nach dem Weg fragen. Wenn der Weg gut beschrieben wird, kann eine ortsfremde Person ihn leicht finden.

Nach dem Weg zu einem unbekannten Ort frage ich so:
Entschuldigen Sie bitte, wie komme ich denn zur Altstadt?
Können Sie mir bitte sagen, wie ich zum Bahnhof komme?
Ich möchte in die Bornstraße. Können Sie mir da weiterhelfen?

Die Person, die den Weg erklärt oder beschreibt, beschreibt ihn in der richtigen Reihenfolge und macht Richtungsangaben. Sie verwendet den Imperativ und erklärt im Präsens:

Ausgangspunkt für die Wegbeschreibung ist der Ort, an dem man sich gerade befindet. Dann geht es darum, der Reihe nach zu erklären, welchen Weg man gehen oder fahren muss, um sein Ziel zu erreichen.

(Ausgangspunkt Wo?)
Sie sind jetzt / Du bist jetzt hier in der Münsterstraße.
(Ziel Wohin?)
Sie möchten also / Du möchtest also zu einer Postagentur.

Reihenfolge beachten:
Sie gehen **zuerst** */ Du gehst* links *runter zum Bahnhof …,*
dann *biegen Sie / biegst du* rechts *ab in …,*
(Präsens: *Sie gehen / Du gehst …*)
Gehen Sie / Gehe **danach** *geradeaus bis …*
(Imperativ: Gehe …! / Gehen Sie …!)

Es kann nützlich sein, auf manche Entfernungen näher hinzuweisen oder Angaben zur benötigten Zeit, wie weit der Weg ungefähr ist, zu machen.

Nach etwa 100 Metern *kommen Sie zum Friedhof …*
Nach etwa zwei Minuten *Fußweg sehen Sie rechts die Kirche …*

Man sollte Straßen, Gassen und Plätze mit Namen nennen, sofern man sie weiß. Auch an großen Gebäuden wie Kirchen, Museen und Türmen kann man sich gut orientieren. Hinweise auf bestimmte Kreuzungen, Ampeln, Unterführungen oder Bushaltestellen können für den Suchenden ebenfalls hilfreich sein.

Orientierungshilfen bei einer Wegbeschreibung:

- Straßen, Gassen, Plätze werden mit Namen genannt.
- Auffallende Gebäude, Brunnen, Geschäfte, Brücken oder Bäume, Parks, Friedhöfe sollten erwähnt werden.
- Markante Punkte können auch Ampeln, Bushaltestellen, Zebrastreifen, Kreisel, Kreuzungen, Unterführungen, U-Bahn-Stationen sein.

Wissen

2 Wegbeschreibung

Genaue Beschreibungen erleichtern der ortsfremden Person, sich zurechtzufinden. Hierzu zählen Verben aus dem Wortfeld *gehen*, Richtungsangaben und Adjektive, die das Äußere von Straßen, Plätzen, Gebäuden usw. beschreiben, etwa die Größe, die Beschaffenheit, den Zustand oder die Farbe.

Verben aus dem Wortfeld *gehen*:
hinaufgehen, hinuntergehen, zurückgehen, vorausgehen, laufen, abbiegen, hinabsteigen, hinaufsteigen, entlanggehen
am Ufer entlanggehen, die Treppe hinabsteigen, die Rolltreppe hochfahren
Richtungsangaben: rechts, links, geradeaus

passende Adjektive:
groß, klein, hoch, niedrig, breit, schmal, eng, rund, eckig, gewölbt, flach, rund, spitz, hügelig, neu, alt, baufällig

ein spitzer Turm, eine enge Gasse, eine niedrige Brücke

Farbadjektive:
hellblau, dunkelgrau, knallbunt, gelb

ein dunkelgraues Gebäude, dunkelblaue Ziegeln

Fitness-Einheit

Kurs 2 Wegbeschreibung

1 **Beschreibe den Weg von deinem Wohnort zu dem deines besten Freundes/ deiner besten Freundin.**

2 **Mit welcher der beiden Wegbeschreibungen (A oder B) findest du leichter ans Ziel? Begründe.**

Köln

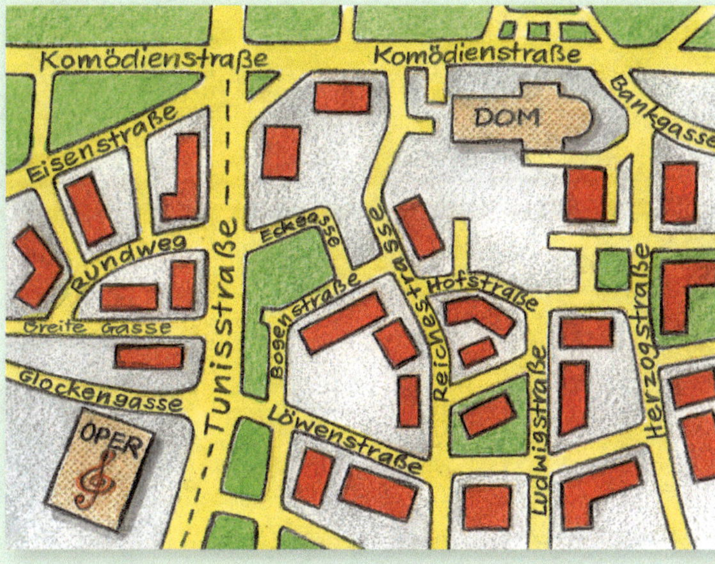

A Von der Oper zum Dom, das ist doch ganz leicht. Du gehst einfach die Hauptstraße lang bis zur Kreuzung, dann einmal rechts abbiegen und du bist gleich am Dom.

B Wenn du vor der Oper stehst, gehst du die Glockengasse bis zu einer großen Kreuzung. Die Glockengasse mündet dort in die Tunisstraße, das ist die Hauptstraße. Du biegst dort links ab, gehst weiter geradeaus bis zur nächsten großen Kreuzung, wo du rechts in die Komödienstraße abbiegst. Wenn du nun weiter geradeaus gehst, siehst du bald auf der rechten Seite den Dom.

Ich finde mit der Wegbeschreibung leichter ans Ziel, weil …

Die andere Wegbeschreibung hat den Nachteil, dass …

3 **Ergänze die Tabelle.**

	man	Sie	du	ihr
gehen			*gehst*	
sehen				*seht*
halten				
abbiegen				
fahren				

4 **Ergänze die Richtungsangaben in der Tabelle.**

Wo?	**Wohin?**
auf dem Parkplatz	*zum Parkplatz*
	durch die Unterführung
	bis zur Kreuzung
an der Bushaltestelle	
	in die Kirche
hinter dem Sportplatz	
	zur Schule
auf dem Hügel	
	um die Ecke

5 **Fertige zu der Wegbeschreibung eine Skizze an.**

Wenn du vor dem Haus stehst, fährst du links die Hauptstraße runter. Sie macht zuerst eine leichte Linkskurve, kurz danach eine scharfe Rechtskurve. Dann geht es weiter geradeaus über eine Eisenbahnbrücke. Dahinter biegst du die zweite Straße rechts ab. An der zweiten Ampel biegst du links ab. Das Postamt ist das vierte Haus auf der rechten Seite. Es liegt etwas zurückgesetzt, denn davor ist ein großer Parkplatz.

Skizze:

6 **Trage passende Wörter in die Wegbeschreibung ein.**

Kurz ________ der Biegung zweigt eine Straße ________ ab. Da es eine Einbahnstraße ist, müssen Sie die ________ Straße nehmen. Sie fahren dann ________ zur zweiten Ampel. ________ der Ecke biegen Sie halb ________ ab und sehen nach etwa ________ ________ eine große Eiche. Direkt ________ der Eiche ist ein Hinweisschild. Links ________ dem Schild sehen Sie eine kleine Gasse, in die Sie reingehen. Sie führt erst ________ einer Bäckerei vorbei. ________ von der Bäckerei ist das Haus, das Sie suchen.

7 **Ordne die Verben den Nomen passend zu. Setze die Reihe fort.**

die Baustelle ○	○ weitergehen
am Flussufer ○	○ hinaufsteigen
am Bahnhof ○	○ überqueren
zur Kirche ○	○ entlanggehen
die Brücke ○	○ hochsteigen
die Treppe ○	○ vorbeigehen
durch den Park ○	○ umfahren
die Stufen ○	○ vorausgehen

________________ ________________

________________ ________________

8 Betrachte den Stadtplan. Stell dich gedanklich auf den Parkplatz am Sportplatz und beschreibe, wie du von dort

a zum Bolzplatz

b zum Alten Friedhof

c zum Dorfplatz

kommst.

Waldesheim

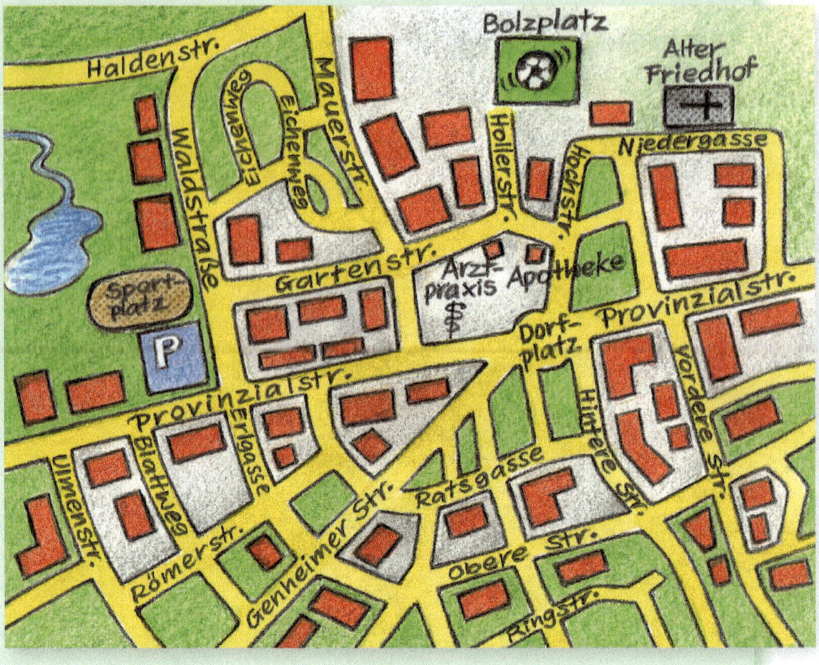

a) ______________________________

____

____

____

____

b) ______________________________

____

____

____

____

c) ______________________________

____

____

____

____

9 Schreibe das passende Fragewort („wo?“ oder „wohin?“) zu den Antworten.

Beispiel: Wohin soll ich den roten Ordner stellen?
Zwischen die blauen.
(Antwort auf die Frage „wohin?“)

hinter die Halle	hinter dem Schuppen
neben der Garage	vor die Garage
zwischen den Regalen	zwischen die Mülltonnen

10 Bei den folgenden Sätzen willst du nochmal nachfragen, ob du sie richtig verstanden hast.

Schreibe das zu den Sätzen passende Fragewort („wo?“ oder „wohin?“) jeweils hinter den Satz.

Stelle die Kartons neben das Regal!	*Wohin?*
Stellt euch an der Linie auf!	
Sie begeben sich zur Linie.	
Die Klasse ist nächste Woche in Berlin.	
Die Klasse fährt ins Theater.	
Die Spieler sind auf dem Platz.	
Geht schon mal auf den Platz!	
Sie läuft im nahe gelegenen Wald.	
Er geht ins Hallenbad.	

11 Beschreibe die Verkehrszeichen.

Achte darauf, was dargestellt und wie es dargestellt ist.

Nimm ein Blatt Papier und beantworte darauf folgende Fragen:

- Was fällt dir an der Darstellung der Personen auf?
- Woran erkennst du, ob es ein Mann, eine Frau oder ein Kind ist?
- Warum sind die Figuren so dargestellt?
- Welche Bedeutung haben die Verkehrszeichen im Straßenverkehr?

a) ______

b) ______

c) ______

d) ______

e) ______

f) ______

g) ______

h) ______

i) ______

j) ______

Welche Verkehrszeichen sind sofort verständlich? Kreuze an.

Sofort verständlich sind:

☐ a ☐ b ☐ c ☐ d ☐ e ☐ f ☐ g ☐ h ☐ i

Welche Verkehrszeichen kannst du auf keinen Fall verstehen, wenn du ihre Bedeutung nicht schon vorher kennst?

Es handelt sich um:

☐ a ☐ b ☐ c ☐ d ☐ e ☐ f ☐ g ☐ h ☐ i

Wie wird auf den Schildern dargestellt, wenn etwas erlaubt ist?

Wenn etwas erlaubt ist, sieht das Verkehrszeichen folgendermaßen aus:

______

Woran erkennst du, wenn etwas verboten ist?

Wenn etwas verboten ist, sieht es es so aus:

______

Training

Fitness-Einheit 2 Wegbeschreibung

1 Schreibe den Text neu auf, so dass die Sätze einen Sinn ergeben.

Von seiner Wohnung Dresdener Straße geht Simon mit seinen beiden Freunden Florian und Martin Kino Kreuzstraße. Sie treffen anschließend noch Lisa Café Bahnhofsplatz. Lisa konnte leider nicht mit Kino, denn sie war mit ihrer Mutter Kaufhaus Ecke Südallee einkaufen. Die Freunde unterhalten sich über die nächsten gemeinsamen Ferien Holland Küste. Von dort wollen sie noch einen Abstecher Amsterdam machen. Ein Besuch Van-Gogh-Museum steht auch auf dem Programm. Um sich Geld für die Ferien zu verdienen, kellnert Lisa Pizzeria. Simon arbeitet aushilfsweise Apotheke Zentrum. Florian und Martin haben einen Job gegenüber Kino Büro ihres Vaters.

überarbeiteter Text:

2 Sieh dir den Stadtplan an. Kreuze an, welche Aussage zutrifft.

- ☐ Die Straße mit den meisten Geschäften ist die Erlanger Straße.
- ☐ Drei Straßen überqueren den Fluss.
- ☐ In der Nähe eines Freizeitheims ist ein Musikgeschäft.
- ☐ Alle Kindergärten liegen in der Nähe einer Schule.
- ☐ Über die Steggasse gibt es einen Zugang zum Freibad.
- ☐ In der Innenstadt gibt es fünf Eisdielen.
- ☐ Es gibt genauso viele Pizzerien wie Spielplätze.
- ☐ Am Türmersturm halten keine Busse.

3 **Lies den Text. Zeichne anhand der Erzählung einen Plan des Stadtparks.**

Als wir neulich im Stadtpark waren, war ich ganz beeindruckt. Auf beiden Seiten des Weges am Eingang waren bunte Blumenbeete, dahinter jeweils zwei große Eichen. Dann gabelte sich der Weg. Der linke führte zu einem großen runden Platz mit einem Springbrunnen, auf dem außen vier Sitzbänke verteilt waren. Über den rechten Weg kam man zu einer rechteckig angelegten Minigolfanlage. Zwischen dem Springbrunnen und der Minigolfanlage war ein Teich mit Seerosen, einige Enten waren zu sehen. Der Teich hatte die Form einer Acht. Vom Teich führte ein Weg wie in einer S-Kurve zum Springbrunnen. Ein Kinderspielplatz lag dort, wo der Weg sich gabelte.

Plan des Stadtparks:

Fitness-Einheit 2 Wegbeschreibung

4 Sieh dir den Stadtplan an.

a Beschreibe einen Rundweg, der am Kindergarten, an einem Spielplatz, an der Klostermühle und einer Schule vorbeiführt. Ausgangspunkt ist der Schwedenturm.

Beschreibung des Rundweges:

b Sieh dir die Symbolleiste auf Seite 35 an. Welche Anlagen, Gebäude und Freizeitmöglichkeiten sind auf dem Ausschnitt des Stadtplans (ebd.) nicht zu sehen?

Auf dem Ausschnitt des Stadtplans sind nicht zu sehen:

____

____

____

5 Sieh dir die Verkehrszeichen an.

a Erkläre die Bedeutung der Verkehrszeichen.

a) ______________________

b) ______________________

c) ______________________

d) ______________________

e) ______________________

f) ______________________

g) ______________________

h) ______________________

b Lies die Beschreibungen zu den Verkehrszeichen. Welche Beschreibungen enthalten Fehler? Markiere die Textstellen und notiere die Verbesserungen, falls nötig.

Welche Beschreibungen enthalten Fehler?

schwarze Kröte auf weißem Quadrat

Verbesserung: ______________________________

____

____

weißer Kreis mit roter Umrandung

Verbesserung: ______________________________

____

____

hellblaues Quadrat mit spitzen Ecken, großes weißes T in der Mitte, mit rotem Querbalken

Verbesserung: ______________________________

____

____

hellblaues Quadrat mit weißer Figur, Treppe mit vier Stufen, Figur steigt die Treppe hinauf

Verbesserung: ______________________________

____

____

Sechseckiges rotes Verkehrszeichen mit weißer Umrandung, in der Mitte das Wort STOP in weißen Kleinbuchstaben

Verbesserung: ______________________________

____

____

Check

2 Wegbeschreibung

Überprüfe dein Wissen und Können in diesem Test!

30 Punkte kannst du erreichen. So erfährst du, was du schon kannst oder erneut durcharbeiten solltest.

1 Ergänze die fehlenden Wörter im Satz.

__/4

Als Erkennungspunkte bei einer Wegbeschreibung können

________________, Bäume, ________________, Ampeln,

________________ oder ________________ hilfreich sein.

2 Nenne je drei passende Adjektive, die es erleichtern, Gebäude, Straßen und Plätze zu beschreiben.

__/6

passende Adjektive bei Gebäuden:

____________ ____________ ____________

passende Adjektive bei Straßen und Plätzen:

____________ ____________ ____________

3 Setze ein treffendes Verb in die Lücken.

__/5

am Ufer ________________

durch den Tunnel ________________

die Brücke ________________

den Turm ________________

um die Ecke ________________

4 Ersetze die Formulierung jeweils durch eine ähnliche.

__/3

rechts um die Ecke gehen ________________

sich nirgends zurechtfinden ________________

mit der Umgebung vertraut sein ________________

5 Unterstreiche die Fehler in der Wegbeschreibung.

__/4

Dort, wo der Fluss eine Kurve macht, fährst du über der Brücke bis zu Kreuzung. An der Ampel biegst du links geradeaus.

6 Nenne drei Grundregeln für eine gelungene Wegbeschreibung.

__/3

Bei einer Wegbeschreibung sind folgende Dinge zu beachten:

____

____

____

7 Welche Fehler werden in der Wegbeschreibung gemacht? Zähle sie auf.

__/5

Sie gehen die Straße runter bis zu der anderen Straße. Wenn Sie dann eine von den beiden Kirchen sehen, biegen Sie vor der Kirche ab. Dann geht es meistens geradeaus, an einer Bäckerei vorbei. Die Metzgerei, die Sie suchen, ist dann irgendwo in der Nähe. Aber vorher muss ich Ihnen noch was zu dem gelben Haus sagen, das drüben am Sportplatz steht. Also da stand doch in der Zeitung, dass am Wochenende bei der Familie Scholz eingebrochen wurde. Die Fahrräder waren weg, Schmuck und Geld haben sie auch gestohlen, und das mitten am Tag.

Die Beschreibung enthält folgende Fehler:

______

______

______

______

______

______

______

Punktzahl gesamt: ______ von 30 Punkten

Rückmeldung zu deinen Testergebnissen:

30–24 Punkte: Tolle Leistung! Du kennst dich wirklich gut in dieser Einheit aus und kannst stolz auf deine Arbeit sein.

23–14 Punkte: Du hast vieles schon verstanden, aber einzelne Bereiche bereiten dir offenbar noch Schwierigkeiten. Sieh dir diese Seiten gründlich an und mache die entsprechenden Übungen noch einmal.

13–0 Punkte: Das war leider noch nicht so erfreulich. Sicher hast du mehr erwartet. Du kannst es auch erreichen, wenn du die Kurs- und Trainingsseiten erneut gründlich durcharbeitest. Wenn etwas unklar ist, sieh dazu im Wissensteil nach!

Vorgangsbeschreibung

Eine Vorgangsbeschreibung ist dann sinnvoll, wenn man den genauen Ablauf einer Handlung nachvollziehen soll. Ziel ist, dass der Leser oder Zuhörer sich den beschriebenen Vorgang gut vorstellen kann. (Zum Beispiel, wie ein Diebstahl passiert ist.) Der Vorgang kann in der Vergangenheit stattgefunden haben, passiert gerade, wird noch passieren oder passiert immer wieder.

Manchmal geht es auch darum, den Vorgang nachmachen oder wiederholen zu können (zum Beispiel bei Zaubertricks, Pflanzanleitungen, einer Theaterszene). In diesem Fall ist die Vorgangsbeschreibung eine Handlungsanleitung. Zuerst wird überlegt, welche Dinge oder Materialien man für den Vorgang braucht. Eine Checkliste kann hilfreich sein.

Dann erfolgt Schritt für Schritt die Beschreibung des Vorgangs. Wer den Vorgang nicht kennt, dem sollte die Beschreibung helfen, den Vorgang nachzuvollziehen oder ausführen zu können. Bei der Beschreibung ist also auf genaues und eindeutiges Formulieren zu achten. Skizzen sind hilfreich.

Eine Vorgangsbeschreibung kann auf unterschiedliche Weise erfolgen.

Vorgänge werden im Präsens beschrieben.

Vorgänge sind sachlich zu beschreiben. Gefühle, Meinungen, Wünsche gehören nicht in eine Vorgangsbeschreibung.

Beispiele für Vorgänge

Ereignis, Vorfall (Unfall):
Der Radfahrer fuhr in hohem Tempo auf den Zebrastreifen zu und konnte nicht mehr bremsen. Er stürzte und stieß mit einem Fußgänger zusammen, der von rechts die Straße überquerte.

Ereignis, Vorfall (Diebstahl):
Der Dieb schlug die Scheibe des Kellerfensters ein, öffnete es und stieg ein. Er ging ins Schlafzimmer und stahl aus dem Schrank eine Geldbörse und Armbanduhren.

Spielszene:
Der Stürmer flankt in den Strafraum, sein Mitspieler köpft den Ball in die linke obere Ecke des Tors. Der Torwart berührt den Ball mit den Fingerspitzen, kann ihn aber nicht halten.

Vorgänge, die zur Nachahmung gedacht sind

Zaubertrick:
Ein kurzes Seil wird in der Mitte gefaltet und über den Handrücken der ausgestreckten rechten Hand gelegt, so dass die Schlinge sich vor der Hand befindet. Ein Ende des Seils wird durch die Schlinge gezogen. Mittel- und Zeigefinger halten es.

Pflanzanleitung:
Der Blumentopf wird zur Hälfte mit Blumenerde gefüllt. Die Pflanze wird in die Mitte des Topfes gesetzt. Weitere Erde wird zugegeben und fest angedrückt. Die Pflanze wird gegossen.

Alltägliche Vorgänge

Schuhe putzen:
(Checkliste: Schuhe, Bürste, Lederfett, Schwamm, Tuch)
Schuhe mit einer Bürste vom Schmutz reinigen, Lederfett mit einem Schwamm oder Tuch gleichmäßig auftragen, mit einer feinen Bürste oder einem Tuch polieren

Formen der Vorgangsbeschreibung

Infinitiv
Schuhe reinigen, Tube aufdrehen, Lederfett auftragen

Beschreibung im Aktiv
Anredeform ich / du / er / sie / man / ihr / Sie
ich schiebe / du schraubst / er gießt / sie füllt / es kriecht / wir rühren um, ihr deckt zu, man dreht / Sie beugen sich vor

Beschreibung im Passiv
Die Dose wird geöffnet. Der Behälter wird gefüllt.

Kurs

Fitness-Einheit

3 Vorgangsbeschreibung

1 Beschreibe, wie du dir die Zähne putzt. Denke zuerst daran, was du brauchst.

Ich … ____________________

2 Beschreibe, wie man im Lexikon ein Wort nachschlägt.

Man … ____________________

3 Beschreibe, wie du dein Zimmer aufräumst.

4 a **Betrachte die drei Abbildungen A, B und C. Welcher Vorgang wird hier dargestellt? Beschreibe jeweils, was die Person(en) tut (tun). Wie führen sie die Tätigkeit aus?**

Tipp:
Achte auf die genaue Körperhaltung.

A

B

C

Der Vorgang, der hier dargestellt wird, heißt

b Gib zu jedem Vorgang die benötigten Materialien an.

c Worin unterscheiden sich jeweils die dargestellten Vorgänge? Schreibe auf ein Extra-Blatt.

Tipp: Es gibt von einem Handwerkszeug verschiedene Arten.

A benötigte Materialien:

Beschreibung des dargestellten Vorgangs:

B benötigte Materialien:

Beschreibung des dargestellten Vorgangs:

C benötigte Materialien:

Beschreibung des dargestellten Vorgangs:

5 **Diese Vorgangsbeschreibung ist im Infinitiv formuliert. Schreibe sie um und verwende die „man"-Form. Formuliere abwechslungsreich.**

Füller aufschrauben
leere Schreibpatrone herausziehen
neue Patrone einsetzen und kurz andrücken
eine Ersatzpatrone einschieben
Füller zuschrauben

Zuerst schraubt man … ______________________

____

____

____

6 **Beschreibe, wie du eine Spülmaschine einräumst und anstellst. Denke zuerst daran, was alles wo hinein soll. Was brauchst du noch?**

Materialliste: ______________________

____

Beschreibung des Vorgangs:

____

____

____

____

____

7 **In der folgenden Beschreibung des Vorgangs „Kaffee kochen" fehlen zwei Arbeitsschritte. Finde heraus, an welchen Stellen sie fehlen. Wähle eine treffende Formulierung und schreibe die fehlenden Arbeitsschritte auf die passenden Linien.**

Tipp: Auf eine Schreiblinie gehört nur **ein** Arbeitsschritt.

Als Erstes fülle ich die Glaskanne der Kaffeemaschine voll mit frischem Wasser.

____

Dann stelle ich die leere Glaskanne auf die Warmhalteplatte der Maschine.

____

Danach schwenke ich den Filterbehälter der Maschine nach vorn.

____

Anschließend setze ich die Filtertüte in den Filterbehälter ein.

____

Jetzt klappe ich den Filterbehälter wieder zurück und schalte die Maschine ein.

____

8 Welche Verben passen nicht zum Vorgang „Bild aufhängen"? Streiche sie weg.

befestigen, klopfen, rücken, halten, schleifen, drehen, kippen, schlagen, dübeln, bohren, hobeln, werfen

9 Setze die Arbeitsschritte in die richtige Reihenfolge, indem du sie entsprechend nummerierst. Beschreibe den Vorgang in der „du"- Form.

Tipp: Achte auf abwechslungsreiche Satzanfänge. Fange nicht jeden Satz mit „du" an.
Verwende Wörter wie „erst", „nun", „jetzt", „dann", „danach", „zuerst", „anschließend", „als Erstes", „schließlich", „zum Schluss".

- ◯ Sobald der Grasauffangkorb voll ist, den Rasenmäher ausschalten und den Grasauffangkorb herausnehmen
- ◯ ein langes Stromkabel nehmen
- ◯ den Rasenmäher wieder einschalten, das Mähen fortsetzen
- ◯ das gemähte Gras auf den Komposthaufen oder in die Biotonne kippen
- ◯ ein Ende des Stromkabels am Rasenmäher anschließen
- ◯ den Grasauffangkorb am Rasenmäher befestigen
- ◯ den Korb wieder einsetzen
- ◯ den Rasenmäher vom Gras säubern
- ◯ den Rasenmäher aus dem Gartenhaus holen
- ◯ den Rasen gleichmäßig mähen
- ◯ das andere Ende des Kabels in die Steckdose stecken
- ◯ den Rasenmäher ins Gartenhaus zurückstellen
- ◯ nach dem Mähen den Stecker ziehen und das Stromkabel zusammenrollen
- ◯ den Rasenmäher auf den Rasen fahren und einschalten

Du … ______________________________

10 **Eine Schülergruppe hat einen Versuch gemacht und die Vorgehensweise festgehalten. Sieh dir die Versuchsanleitung genau an. Welche Sätze sind unvollständig, schlecht formuliert oder fehlerhaft? Markiere die Textstellen und schreibe die Sätze neu auf.**

Für den Versuch benötigen wir:
Trinkglas, Waschbecken, Postkarte

Unsere Durchführung des Versuchs:
a) Über einem Waschbecken füllen wir Wasser ein.
b) Wir tun eine Postkarte auf das mit Wasser gefüllte Trinkglas.
c) Wir drehen das Trinkglas über dem Becken um und halten dabei den Brief gegen das Glas gedrückt.
d) Wir lassen die Postkarte los.

Versuchsergebnis:

Diese Sätze würde ich anders formulieren:

( ) ______________________

____

____

____

( ) ______________________

____

____

____

( ) ______________________

____

____

____

Fitness-Einheit 3 Vorgangsbeschreibung

1 Lies den Text, der den Vorgang des Kopierens beschreibt. An welchen Stellen kann man den Text kürzen? Streiche diese Textstellen weg.

Tipp: Achte darauf, ob die Wortwahl sachlich ist. Enthält der Text Nebensächlichkeiten, die für das Verständnis des Vorgangs unwichtig sind?

Wenn ich eine Seite aus meinem Buch kopiere, benutze ich den Kopierer der Schule. Er ist oft defekt, weil er einfach nichts taugt. Zumindest sagen das viele, weil er selten sauber druckt. Na ja, also ich schalte den Kopierer ein und warte, bis er betriebsbereit ist. Das sind bestimmt drei Minuten, und so viel Zeit habe ich nicht. Dann öffne ich den Deckel und lege das aufgeklappte Buch mit dem Text nach unten auf die Glasscheibe. Sie ist immer so verschmiert, das ist lästig. Bei einem DIN-A4-Format lege ich die Buchseite, die ich kopieren will, auf der linken Seite an. Jetzt klappe ich den Deckel wieder zu und drücke auf die grüne Start-Taste. Bei unserem Kopierer ist sie so verkratzt, dass man gar nicht mehr erkennt, ob sie grün ist. Zum Schluss hoffe ich, dass ich eine gute Kopie von meiner Seite bekomme.

2 Beschreibe anhand der Abbildungen den Vorgang am Himmel.

Abb. 1

Abb. 2

Abb. 3

Abb. 4

Fitness-Einheit

3 Vorgangsbeschreibung

3 Lies den Vorgang über ein Radrennen. Entscheide dich für eine der beiden Aufgaben. Gib anschließend an, wie die Position der Radfahrer nach diesem Zwischenstand aussieht. Notiere nur die Farbe auf der entsprechenden Linie.

Niveau 1 (leicht):
Am Start sind fünf Fahrer im roten, grünen, blauen, gelben und weißen Trikot. Nach 200 Metern geht der Fahrer im weißen Trikot in Führung, wird aber kurz darauf vom Fahrer in der grünen Sportkleidung überholt. Letzter ist der Fahrer im blauen Trikot. Der Vorletzte verdrängt den Fahrer in roter Kleidung vom dritten Platz.

Zwischenergebnis anhand dieser Beschreibung (Reihenfolge):

1 ____________________

2 ____________________

3 ____________________

4 ____________________

5 ____________________

Niveau 2 (schwer):
Beteiligt sind sieben Radfahrer in grüner, roter, blauer, gelber, weißer, schwarzer und brauner Sportkleidung. Sie starten um 13.00 Uhr und in der ersten Rechtskurve liegen alle Fahrer noch auf gleicher Höhe. Doch dann setzt sich der Fahrer im roten Trikot an die Spitze, gefolgt von dem im grünen, dahinter fahren die beiden Fahrer im braunen und gelben Trikot nebeneinander. Der weiße Fahrer stürzt bei der ersten Talabfahrt und scheidet verletzt aus. Danach geht es einen steilen Hügel hinauf. Hier fällt der Führende auf den dritten Platz zurück. Der Mann in gelber Kleidung setzt sich an die Spitze, dicht hinter ihm folgt nun plötzlich der äußerst starke Fahrer im blauen Trikot, der jedoch in der nächsten Linkskurve vom roten überholt wird. Doch dann rauscht unverhofft der Letzte an allen vorbei und bringt sich an die dritte Position. Der Führende fällt auf Platz vier zurück.

Zwischenergebnis anhand dieser Beschreibung (Reihenfolge):

1 ____________________

2 ____________________

3 ____________________

4 ____________________

5 ____________________

6 ____________________

4 Sieh dir Bild 2 an. Es zeigt, wie man sich beim Inlineskaten richtig fallen lässt. Der Vorgang ist unvollständig. Bild 1 sollte zeigen, was vorher passiert, Bild 3, was danach folgt. Beschreibe erst den Vorgang in Bild 2 und füge dann deine Beschreibung zu den fehlenden Bildern 1 und 3 hinzu.

Bild 1:

© Isabell Massel

Bild 2:

Bild 3:

5 **Bei der Beschreibung geht es um einen Raub. Lies sie dir durch und beurteile anschließend, ob die Behauptungen zum Ablauf des Vorgangs stimmen oder nicht.**

Kurz vor Ladenschluss ist die Kassiererin im Supermarkt gerade dabei, die Tageseinnahmen zu zählen. Sie nimmt aus der Kasse zuerst die Geldscheine heraus und sortiert sie. Ein Kunde mit einer Sporttasche, der sich noch im Laden aufhält, nähert sich der Kasse. Als er bei der Kassiererin steht, hat er die rechte Hand in seiner Jacke vergraben und deutet damit auf die Geldscheine. Gleichzeitig spricht er die Kassiererin an und fordert sie auf, ihm die komplette Geldsumme zu geben. Er droht ihr, von seiner Schusswaffe Gebrauch zu machen, wenn sie nicht gehorche. Die Kassiererin bekommt Angst und händigt ihm einen großen Geldbetrag aus. Der Täter hat es eilig, greift mit der linken Hand seine prall gefüllte Sporttasche, stürzt aus dem Supermarkt und rennt zielstrebig zu einer nahe gelegenen Tankstelle. Dort steigt er in ein rotes Auto ein, das von einer Frau gefahren wird. Zeugen beobachten, wie ein rotes Auto auf die nahe gelegene Autobahn nach Norden fährt.

Kreuze an, welche Behauptungen zutreffen oder nicht.

Es ist kurz vor 20.00 Uhr, da alle Supermärkte dann schließen.

☐ wahr ☐ falsch ☐ weiß man nicht

Der Täter war bewaffnet.

☐ wahr ☐ falsch ☐ weiß man nicht

Der Täter ist Linkshänder.

☐ wahr ☐ falsch ☐ weiß man nicht

Die Kassiererin sortiert das Kleingeld später.

☐ wahr ☐ falsch ☐ weiß man nicht

Der Täter füllt das erbeutete Geld in seine Sporttasche.

☐ wahr ☐ falsch ☐ weiß man nicht

Der Täter flüchtet zunächst in Richtung Tankstelle.

☐ wahr ☐ falsch ☐ weiß man nicht

Der Fahrer des roten Fluchtautos ist ein Mann.

☐ wahr ☐ falsch ☐ weiß man nicht

Täter und Komplizin fahren die Autobahn in Richtung Norden.

☐ wahr ☐ falsch ☐ weiß man nicht

6 **Beschreibe die Vorgänge, die in den Abbildungen dargestellt sind. Schreibe erst im Aktiv *(Du faltest ein Blatt Papier.)*, dann im Passiv *(Das Blatt Papier wird gefaltet.)*.**

A
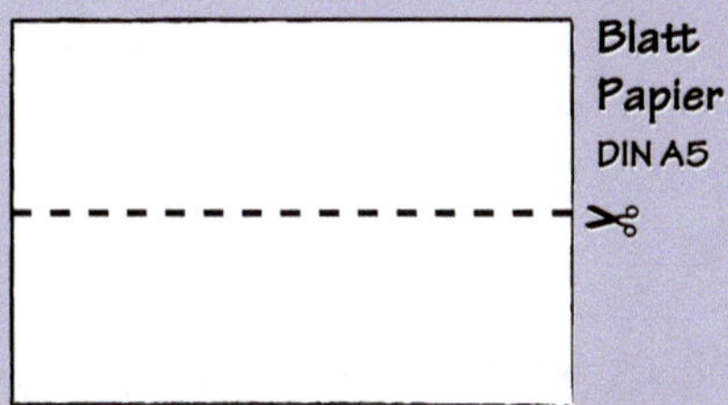

B

C
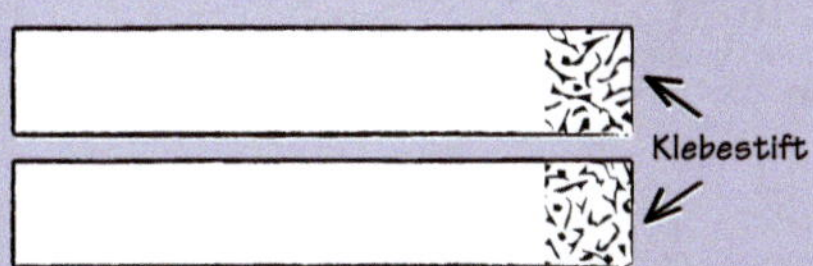

D

E
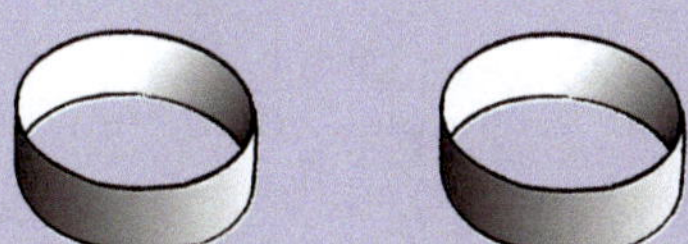

F

G

H

I

A Du faltest ein DIN-A5-Papier der Länge nach in der Mitte und schneidest es mit einer Schere entlang der Faltlinie durch.
Ein DIN-A5-Papier wird der Länge nach in der Mitte gefaltet und mit einer Schere entlang der Faltlinie durchgeschnitten.

B Du nimmst nur einen Streifen und … ____________

C ____________

D ____________

E ____________

F Du klebst die beiden Papierringe versetzt zusammen.
Die beiden Papierringe werden versetzt zusammengeklebt.

G ____________

H ____________

I Zum Schluss erhältst du beim Auseinanderfalten einen Papierrahmen, der die Form eines Quadrats hat.

Check

3 Vorgangsbeschreibung

Überprüfe dein Wissen und Können in diesem Test!

20 Punkte kannst du erreichen. So erfährst du, was du schon kannst oder erneut durcharbeiten solltest.

1 Nenne drei Vorgänge, die zur Nachahmung gedacht sind.

__ /3

Beispiele für Vorgänge, die zur Nachahmung gedacht sind:

____

____

____

2 In welchem Tempus werden Vorgänge geschrieben?

__ /1

Bei der Beschreibung von Vorgängen, die sich wiederholen, ist die Zeitform ______________________

3 Ergänze die Lücken in den Sätzen.

__ /4

Ein Vorgang besteht aus mehreren ______________________.

Es ist wichtig, die richtige ______________________ einzuhalten.

______________________ gehören nicht in eine Vorgangsbeschreibung. Die Sprache ist ____________.

4 Welche Verben gehören nicht zum Vorgang „das Bett machen“? Streiche sie weg.

__ /4

ziehen, zuknöpfen, aufknöpfen, wischen, hineinstecken, fegen, zurechtlegen, schütteln, umdrehen, beziehen, herausnehmen, stecken, drücken, rieseln, festhalten, stopfen, glätten, bohren

5 Setze jeweils das Passiv ins Aktiv.

__ /2

Passiv: Der Deckel wird angehoben.

Aktiv: *Du* ______________________

Passiv: Das Gefäß wird untergetaucht.

Aktiv: *Ihr* ______________________

6 Gib die Vorgänge im Infinitiv wieder.

__ /3

Schieb den Vorhang zur Seite! ______________________

Ihr trennt das Seil durch. ______________________

Sie knickt das unter Ende ab. ______________________

7 Lies die Versuchsbeschreibung. Welche drei Aussagen sind nicht treffend formuliert? Verbessere sie und schreibe sie neu auf. Setze den passenden Buchstaben (a bis g) in die Klammer.

__/3

a) Eine große Wasserschüssel aus Glas füllen, etwa halbvoll
b) Das Gehäuse eines Teelichts legt man mit Watte aus.
c) Dort hinein setzt man zwei bis drei Gummibärchen.
d) Das Gehäuse mit den Gummibärchen setzt man behutsam auf das Wasser in der Schüssel.
e) Man nimmt ein Trinkglas, hält es mit der Öffnung nach unten.
f) Dann tut man es über das Gehäuse mit den Gummibärchen.
g) Jetzt schiebt man das Glas unter Wasser.

Wenn man alles richtig macht, bleiben die Gummibärchen trocken. Denn die Luft im Glas kann so nicht entweichen.

( ) ______

( ) ______

( ) ______

Punktzahl gesamt: ______ von 20 Punkten

Rückmeldung zu deinen Testergebnissen:

20 – 16 Punkte: Tolle Leistung! Du kennst dich wirklich gut in dieser Einheit aus und kannst stolz auf deine Arbeit sein.

15 – 9 Punkte: Du hast vieles schon verstanden, aber einzelne Bereiche bereiten dir offenbar noch Schwierigkeiten. Sieh dir diese Seiten gründlich an und mache die entsprechenden Übungen noch einmal.

8 – 0 Punkte: Das war leider noch nicht so erfreulich. Sicher hast du mehr erwartet. Du kannst es auch erreichen, wenn du die Kurs- und Trainingsseiten erneut gründlich durcharbeitest. Wenn etwas unklar ist, sieh dazu im Wissensteil nach!

Beschreibung von Gegenständen

Wenn du einen Gegenstand beschreibst, gliedere deinen Text. Beschreibe als Erstes, um welche Art von Gegenstand es sich handelt. Achte zunächst auf das, was man auf Anhieb erkennt, was ins Auge fällt. Gehe dann auf Einzelheiten und die Besonderheiten ein. Diese können jeweils ganz unterschiedlich sein. Der Verwendungszweck eines Gegenstandes ist manchmal sofort einleuchtend (z. B. bei einer Armbanduhr), oft aber auch nicht (z. B. bei einigen technischen Geräten).

Merkmale:

Größe	*Die Vase ist schmal und hoch.*
	Die Tube ist flach.
Form	*Die Ecken sind abgerundet.*
Gewicht	*Es wiegt ungefähr zwei Kilogramm.*
	Es ist leicht.
Material	*Die Oberfläche ist aus Kunststoff.*
Farbe(n)	*Das Gehäuse ist silberfarben.*
Art	*Es ist ein Halbschuh. Das Auto ist ein Cabrio.*

Besondere Kennzeichen:
Auf dem Gerät ist der Aufdruck „Swing".

Verwendungszweck:
Man benutzt den Gegenstand beim Sport.

Bei der Wahl der Adjektive kannst du durch deine Wortwahl den Gegenstand genauer eingrenzen.

Wahl der Adjektive:

wenig aussagekräftig:	*schön, cool, toll*
ziemlich genau:	*eckig, blau*
noch genauer:	*viereckig, sechseckig, hellblau*

Das Material, die Oberfläche und die Form eines Gegenstandes kannst du genau angeben.

Oberfläche von Gegenständen:
rau, glatt, eben, uneben, gewölbt, durchlöchert, matt, glänzend

Material:
Glas, Metall, Holz, Kunststoff, Stoff, Stein, Beton, Ton

Form:
spitz, (halb)rund, eckig, viereckig, rechteckig, quadratisch, offen, kantig, gewölbt, abgerundet, geschlossen, flach, kegelförmig,

Gib die Stellen an, an denen sich etwas befindet. Mache Richtungsangaben, damit man sich den Gegenstand gut vorstellen kann.

Richtungs- und Ortsangaben:
vorn, hinten, rechts, links, innen, außen, oben, unten an der Vorderseite, auf der Rückseite, an der rechten Seite, auf der linken Seite, in der Innenseite, an der Außenseite, auf der Unterseite, an der Oberseite

Formulierungshilfen

Um einen Gegenstand sachlich und genau zu beschreiben, verwendest du treffende Verben. Sie erleichtern das Verständnis.

Formulierungshilfen:
Beschreibe sachlich durch die Wahl passender Verben:
Es besteht aus drei Teilen.
Der Gegenstand enthält eine Öffnung.
Man erkennt einen roten Aufkleber
Die Klappe befindet sich an der linken Seite.
Hinten sind zwei Schrauben befestigt.
Der Gegenstand ist vorn aus Metall, hinten aus Kunststoff.
Das Ding hat sechs Kanten.
Auf dem T-Shirt ist ein Bild gedruckt.

4 Gegenstandsbeschreibung

1 Im Fundbüro ist eine Jacke abgegeben worden. Beschreibe sie anhand der Wortbausteine.

grün, Kapuze, gefüttert, graues Innenfutter, herausnehmbar, Reißverschluss, Winterjacke, zwei Brusttaschen, winddicht, wasserabweisend

Bei dem Fundstück handelt es sich um

____

____

____

____

2 Nenne drei Adjektive, die die Form eines Gegenstandes beschreiben.

Adjektive zur Beschreibung der Form:

spitz, ______________________________

____

3 Welche Adjektive passen nicht zu den Nomen? Streiche sie weg. Schreibe zu jedem Nomen ein weiteres passendes Adjektiv hinzu. Vermeide die Wörter „groß“ und „klein“.

Blumen	welk	______
Tanne	schief	______
Maus	flink	______
Asphalt	behäbig	______
Buch	oval	______
Schale	quadratisch	______
Stange	krumm	______
Zitrone	schimmelig	______
Metall	rissig	______
Glas	rostig	______

4 Sortiere die Adjektive und ordne sie den Gegenstandsmerkmalen (Form, Oberfläche, Material, Farbe) richtig zu. Finde weitere Adjektive zu jedem Oberbegriff.

Adjektive:
blau, oval, rau, weich, silberfarben, matt, hölzern, kantig, uneben

Gegenstandsmerkmale:

Form ______________________________

Oberfläche ______________________________

Material ______________________________

Farbe ______________________________

5 Gegenstände lassen sich in Form und Größe meist auf geometrische Grundformen wie Kugel, Würfel, Quader, Zylinder zurückführen. Ordne die Adjektive den Gegenständen zu, indem du Verbindungslinien ziehst.

quaderförmig o	o Flaschenhals
pyramidenartig o	o Serviette
eiförmig o	o Streichholzschachtel
zylindrisch o	o Tropfen
kegelförmig o	o DIN-A4-Blatt
rechteckig o	o Bleistiftspitze
quadratisch o	o Kirchturmspitze

6 Lies die Beschreibung. Zu welchen Merkmalen des Gegenstandes werden keine Angaben gemacht?

Tipp: Denke an Form, Material, Farbe, Art/Marke, besondere Kennzeichen.

Die Uhr ist eine Armbanduhr, Gehäuse und Armband sind aus Kunststoff. Sie ist wasserdicht und das Sichtfeld ist beleuchtbar. Es ist eine Funkuhr mit Digitalanzeige. Sie hat eine Datumsanzeige und eine Stoppuhrfunktion.

Hierzu werden keine Angaben gemacht:

____

7 Betrachte die abgebildeten Gegenstände. Vergleiche sie mit den Beschreibungen. Was ist falsch? Markiere die Textstellen, bei denen die Beschreibung nicht mit dem abgebildeten Gegenstand übereinstimmt.

Abb. 1 Abb. 2 Abb. 3

Abb. 1:
Die Gießkanne ist weiß mit roten Punkten. Sie hat zwei Griffe, einen oben und einen an der Seite. Das Ausgussrohr ist mit einem Stab an der Kanne verbunden.

Abb. 2:
Die Gießkanne ist aus Kunststoff und grün. Der Griff ist oben waagerecht und an der Seite halbkreisförmig. Das Ausgussrohr läuft vorn spitz zu.

Abb. 3:
Die Gießkanne hat eine zylindrische Form und ist hellblau. Der obere Griff ist an den Seiten verschraubt und verstellbar. An der Seite befindet sich ein weiterer, halbkreisförmig gebogener Griff. Der Ausguss sieht aus wie ein Trichter. Auf der Kanne ist in der Mitte eine große Libelle in den Farben gelb und schwarz aufgedruckt.

8 Die Sätze 1 bis 6 beschreiben eine Tasche. Leider ist die Reihenfolge, in der beschrieben wird, ungünstig. Wie würdest du vorgehen? Nummeriere die Sätze entsprechend. Was könnte man noch beschreiben? Füge zwei Sätze hinzu, in denen du dir weitere Merkmale der Tasche ausdenkst.

Tipp: Frage dich, ob die Tasche z. B. einen Trageriemen oder Reißverschlüsse hat.

- ◯ Sie ist aus schwarzem Rindsleder und hat silberfarbene Verschlüsse.
- ◯ Die Tasche eignet sich besonders als Schultasche.
- ◯ Der Stauraum im Inneren der Tasche ist in drei Teile unterteilt.
- ◯ Der Herstellername ist auf der Vorderseite oben zu sehen.
- ◯ Die Tasche hat einen stabilen Tragegriff.
- ◯ Bei dem Gegenstand handelt es sich um eine Tasche.

Weitere Merkmale der Tasche:

____

____

____

____

____

____

____

9 Entnimm aus der Beschreibung alle Angaben zu den Merkmalen des Gegenstandes und trage sie in die Tabelle ein.

Die Tür ist eine weiß lackierte Haustür aus Holz. Die obere linke Ecke ist rot lackiert. Sie hat einen viereckigen Türknauf aus Metall. Im oberen Teil der Tür ist in der Mitte ein kreisrundes Fenster aus Milchglas. Die Tür hat unten eine Metallblende.

Art	
Material	
Farbe	
Oberfläche	
Besonderheiten	

10 **Beschreibe, worin sich die in Abbildung 1 und 2 dargestellten Flugzeuge unterscheiden.**

Tipp: Wenn du die Fachbegriffe für einzelne Teile nicht weißt, vergleiche sie, etwa mit Tieren oder Pflanzen.

Abb.1

Abb.2

Die beiden Flugzeuge unterscheiden sich in folgenden Punkten:

11 **Bei zu allgemeinen Begriffen ist es hilfreich, die Art des Gegenstandes genau anzugeben, um Verwechslungen zu vermeiden. Füge zu jedem Begriff zwei weitere hinzu.**

Gegenstand	Art des Gegenstandes weitere
Haus	Reihenhaus,
Fahrrad	Rennrad,
Uhr	Taschenuhr,
Tür	Kellertür,
Auto	Cabrio,

Fitness-Einheit

Training

4 Gegenstandsbeschreibung

1 **Björns Fahrrad wurde gestohlen. Er schreibt eine Suchanzeige. Welche Angaben helfen das Fahrrad zu erkennen? Markiere sie rot. Welche Angaben sind überflüssig? Markiere sie grün.**

Mein Fahrrad ist ein Herrenfahrrad. Mein Vater hat es mir geschenkt. Es hat einen bequemen Sattel und ein rotbraunes Gestell, mit einem auffälligen Kratzer vorn. Die Schutzbleche sind schwarz lackiert, im Moment aber etwas schmutzig. Vorderleuchte, Schlussleuchte und Rückstrahler haben eine silberne Fassung. Der Rückstrahler ist etwas schief. Bei der Gangschaltung handelt es sich um eine 10-Gang-Schaltung, bei den Rädern um 27-Zoll-Räder. Das Fahrrad ist drei Jahre alt.

2 **Die Verben, die in den Sätzen vorkommen, sind unvollständig. Fülle die Lücken durch treffende Ausdrücke aus.**

Beispiel:

Die Verschlusskappe ist auf den Klebestift gesteckt.

Der Schlauch ist mit dem Wasserhahn ______________.

Auf der Jacke ist vorn der Markenname ______________.

Die Fotos sind ins Fotoalbum ______________________.

Die Kapuze an der Jacke kann mit Hilfe des Reißverschlusses ____________________ werden.

Beide Seile sind miteinander ______________________.

Das Innenfutter der Jacke kann man leicht ___________.

Die Glühbirne ist in die Fassung ___________________.

3 **Welche Gemeinsamkeiten haben die abgebildeten Gegenstände? Worin unterscheiden sie sich?**

Abb.1

Abb.2

Gemeinsamkeiten:

Unterschiede:

4 **Stell dir vor, du hast deine Armbanduhr verloren. Du schreibst in einer WhatsApp an Klassenkameraden eine Verlustanzeige.**

Tipp: Beschreibe das Gehäuse, das Sichtfeld, das Material, das Armband, die Schnalle, die Marke und die Besonderheiten deiner Uhr.

Hallo liebe Klassenkameraden,

gestern habe ich in der Schule meine Armbanduhr verloren. Falls jemand sie finden sollte, hier eine kurze Beschreibung:

5 Ein Schmuckstück wurde deiner Mutter gestohlen. Beschreibe es der Polizei. Füge das, was über das Schmuckstück bekannt ist, in deine Beschreibung ein. Beschreibe vor allem, was für dieses Schmuckstück typisch ist.

Diese Angaben zum Schmuckstück sind bekannt:
Material: rote Steine aus Koralle, grüne Steine aus Serpentin
Gesamtlänge 53 cm
Ringverschluss aus Silber

Bei dem gestohlenen Schmuckstück handelt es sich um …

____

____

____

____

____

6 Beschreibe deine Lieblingsschuhe möglichst genau.

Meine Lieblingsschuhe sind …

____

____

____

____

7 Beschreibe dein Stifte-Mäppchen ziemlich genau.

Mein Stifte-Mäppchen … ______________________________

____

____

____

8 Du hast den Schlüssel deines Schließfachs in der Schule verloren. Der Hausmeister fragt dich, woran man ihn erkennen kann. Antworte ihm und beschreibe dabei den Anhänger ganz genau.

9 Verfasse für einen Verkaufskatalog eines Handyladens eine Beschreibung deines Lieblingshandys.

10 Sieh dir die Abbildungen an. Welche der drei Beschreibungen passt nur zu genau einem der abgebildeten Gegenstände?

Abb. 1

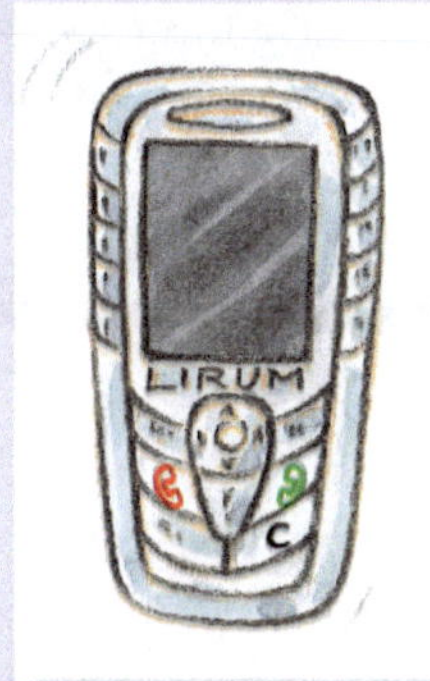

Abb. 2

Abb. 3

Beschreibung 1: Der Firmenname des Handys steht über dem Display, das ein rechteckiges Format hat. Die Rufwahltaste ist unter dem Display, das schwarz umrahmt ist.

Beschreibung 2: Die Ecken des Handys sind abgerundet. Im unteren Drittel befindet sich die farbig hervorgehobene Tastatur mit insgesamt zwölf Feldern.

Beschreibung 3: Das Gehäuse ist silberfarben. Die C-Taste befindet sich unten rechts. Buchstaben und Zahlen lassen sich bequem über die seitlich angebrachte Tastatur eingeben.

Beschreibung 1 passt zu ______________________

Beschreibung 2 passt zu ______________________

Beschreibung 3 passt zu ______________________

11 Lies die Beschreibung eines Kugelschreibers, die leider einige Lücken aufweist. Sieh dir die unten angegebenen Richtungs- und Ortsangaben an und ordne jeder Textlücke eine passende Angabe zu. Schreibe sie auf die Linien.

Der Kugelschreiber hat ____________ einen Durchmesser von etwa 1 cm und wird dann ____________ bis zur Minenspitze schmaler. Der Ring, der ____________ um den Kugelschreiber herumläuft, ist aus Metall. Der Trageklipp ist ____________ etwas gewölbt. Eine schwarz schreibende Mine befindet sich ____________ des Gehäuses. Der Kugelschreiber hat ____________ eine rote rutschfeste Ummantelung, damit er beim Schreiben besser in der Hand liegt.

Wähle aus und setze in der Beschreibung passend ein:

im Inneren — am hinteren Ende — in der Mitte
im vorderen Drittel — nach vorne — nach oben

Check

4 Gegenstandsbeschreibung

Überprüfe dein Wissen und Können in diesem Test!

21 Punkte kannst du erreichen. So erfährst du, was du schon kannst oder erneut durcharbeiten solltest.

1 Welcher Gegenstand wird hier beschrieben? Zu welchen Merkmalen des Gegenstandes fehlen die Angaben?

__ /3

Der Gegenstand ist in jedem Arbeitszimmer zu finden. Er ist leicht, hat eine zylindrische Form, ist etwa 35 cm hoch und hat einen Durchmesser von ca. 25 cm. Er ist oben offen und unten durch eine Bodenplatte geschlossen. Man stellt ihn auf den Boden. Er ist entweder leer oder mit Papier gefüllt.

Es ist ______________________________.

Zu diesen Merkmalen macht die Beschreibung keine Angaben:

______________________ ______________________

2 Ein Adjektiv passt nicht in die Reihe. Streiche es weg.

__ /1

viereckig, flach, niedrig, teuer, gewölbt, rund, tief

3 Nenne je zwei Gegenstände mit einer zylindrischen und quaderförmigen Grundform.

__ /4

Tipp: Schau dich in deinem Zimmer oder in der Küche um.

Gegenstände mit zylindrischer Grundform:

____

____

Gegenstände mit quaderförmiger Grundform:

____

____

4 Bei der Beschreibung von Gegenständen können verschiedene Merkmale eine Rolle spielen. Nenne vier Merkmale.

__ /4

Bei der Beschreibung von Gegenständen können folgende Merkmale eine Rolle spielen:

______________________ ______________________

______________________ ______________________

5 Fülle die Lücken im Satz passend aus.

__ /5

Die Oberfläche eines Gegenstandes kann

__________________, __________________,

__________________ oder __________________

sein.

6 **Beschreibe den abgebildeten Gegenstand möglichst genau.**

__/5

Punktzahl gesamt: ______ von 20 Punkten

Rückmeldung zu deinen Testergebnissen:

21 – 16 Punkte: Tolle Leistung! Du kennst dich wirklich gut in dieser Einheit aus und kannst stolz auf deine Arbeit sein.

15 – 9 Punkte: Du hast vieles schon verstanden, aber einzelne Bereiche bereiten dir offenbar noch Schwierigkeiten. Sieh dir diese Seiten gründlich an und mache die entsprechenden Übungen noch einmal.

8 – 0 Punkte: Das war leider noch nicht so erfreulich. Sicher hast du mehr erwartet. Du kannst es auch erreichen, wenn du die Kurs- und Trainingsseiten erneut gründlich durcharbeitest. Wenn etwas unklar ist, sieh dazu im Wissensteil nach!

Personenbeschreibung

Eine Personenbeschreibung hat meist den Zweck der Wiedererkennung. Jemand, der die Person nicht kennt, soll sie sich aufgrund einer genauen Beschreibung gut vorstellen können. Dazu ist es erforderlich, auf wichtige Merkmale wie Alter, Größe, Figur, Körperbau, Haare, Gesicht und Kleidung näher einzugehen. Besondere Kennzeichen, wie z. B. ein auffälliges Muttermal oder das Tragen einer Brille, sind ebenfalls zu erwähnen. Persönliche Urteile oder Beleidigungen sind wenig hilfreich, weil nicht jeder dieselbe Meinung hat.

Vorgehensweise
Schildere erst deinen Gesamteindruck. Beschreibe dann die Einzelheiten von oben bis unten. Beginne mit dem Gesicht, den Haaren, gehe dann auf die Figur, die Kleidung und sonstige Auffälligkeiten ein.

Hilfsfragen zur Personenbeschreibung

Allgemeine Aspekte: Geschlecht, Alter, Hautfarbe

Welchen Gesamteindruck macht die Person?
gepflegt, ungepflegt, besondere Düfte, Körper- oder Mundgeruch, Gesten, Sprache, Stottern

Wie alt könnte sie ungefähr sein?
Kind, jugendlich, erwachsen, mittleres oder hohes Alter

Wie sind die Haare?
Länge, Art der Frisur, Haarfarbe

Wie sieht das Gesicht aus?
ovales, rundes, kantiges Gesicht, Nase (lang, kurz, Stupsnase), Mund (breit, schmal), Augen (blau, stechend), Ohren (anliegend, abstehend), Kinn (vorspringend), Stirn (hoch)

Wie ist sie gekleidet?
modern, elegant, alltäglich, sauber, schmutzig, Farbe (Kleidung)

Welche Figur hat die Person?
schlank, dürr, mollig, dick, athletisch, kräftig, zierlich

Hat die Person auffällige Merkmale?
Körper- und Gesichtsmerkmale:
Narbe, Muttermal, Glatze, Verletzung, Behinderung

Sonstiges:
Brille, Kontaktlinsen, Zahnspange, Gehstock

Tierbeschreibung

Wenn du ein Tier beschreibst, solltest du sachlich und genau die einzelnen Merkmale des Tieres wiedergeben. Hierzu zählen:
- Tierart, Rasse
- Aussehen (Größe, Farben)
- Nahrung, evtl. Vorlieben
- Lebensraum (Wild- oder Haustier)
- Verhalten (z. B. Brutzeit)
- natürliche Feinde, Beutetiere
- besondere Kennzeichen

Reihenfolge:
Beschreibe erst die Hauptmerkmale (Tierart, Rasse, Aussehen/Farbe, Verhalten, individuelle Besonderheiten).

Merkmale von Tieren

Beispiel: Steckbrief einer Wildkatze

Tierart / Rasse	**Wildkatze**
Aussehen	ähnlich wie Katze, aber schwerer, anderer Gesichtsausdruck
Farbe	graubraun
Verhalten	Raubtier, nachtaktiv, meist Einzelkämpfer
individuelle Merkmale	z. B. besondere Fellzeichnung, Unterschiede in Größe / Gewicht, Männchen, Weibchen, Jungtier, Fähigkeiten: guter Gleichgewichtssinn, gute Augen (vor allem nachts)
Nahrung (Beutetiere)	Mäuse, Vögel, Insekten
Lebensraum	Wald
Fortpflanzung	Tragezeit bei den Jungen: zwei Monate, zwei bis vier Katzenkinder pro Wurf
natürliche Feinde	Mensch

1 **Beschreibe dich selbst oder einen guten Freund/eine gute Freundin.**

2 a **Erkläre, warum die nebenstehende Personenbeschreibung wenig gelungen ist.**

Die Person ist blond. Sie hat braune Augen. Sie hat eine spitze Nase. Sie hat einen breiten Mund. Sie hat ein gelbes T-Shirt an. Sie hat eine schwarze Hose an. Sie hat braune Schuhe an. Sie hat eine Brille an. Sie ist ein Mädchen. Sie hat ein Armband an.

Die Personenbeschreibung ist wenig gelungen, denn …

b **Formuliere die Beschreibung so um, dass sie abwechslungsreicher ist.**

Personenbeschreibung (mein Text):

c **Was hast du in deiner Beschreibung anders gemacht?**

Das habe ich anders gemacht:

3 Lies die Vermisstenanzeige. Zu welcher Person passt sie? Gib die Nummer der Abbildung an und unterstreiche die Hinweise im Text.

Abb. 1

Abb. 2

Vermisstenanzeige:

Seit gestern wird ein junger, schlanker, etwa 20 bis 30 Jahre alter Mann vermisst. Er hat dunkelbraunes, glattes Haar und ein längliches Gesicht. Seine Ohren stehen unten etwas ab. Er trägt eine dunkelblaue Jeans ohne Gürtel und ein schneeweißes, im Brustbereich farbig bedrucktes T-Shirt.

Die vermisste Person ist die Person in Abb. ____.

4 Ordne die Merkmale den verschiedenen Gesichtsteilen passend zu. Ziehe Verbindungslinien.

buschig ○	○ Lippen
wulstig ○	○ Augenbrauen
vorspringend ○	○ Ohren
stechend ○	○ Nase
abstehend ○	○ Mund
hakenförmig ○	○ Kinn
breit ○	○ Augen

5 **Julian hat einen neuen Mitschüler bekommen und beschreibt ihn. Kannst du ihn dir anhand der Beschreibung gut vorstellen?**

Julian über seinen neuen Mitschüler:
Er ist sehr nett, immer höflich und lächelt oft. Er kommt aus Russland, aber er spricht ziemlich gut Deutsch. Wenn er vor der Klasse sprechen muss, ist er meistens sehr aufgeregt. Er sitzt links von mir, hat immer eine blaue Schultasche dabei. Er hat kurze schwarze Haare und trägt gerne Jeans. Ich mag ihn sehr, denn er hat dieselben Hobbys wie ich, Basketball und Schach. Außerdem kann ich mich prima mit ihm unterhalten.

Das erfahre ich über den Charakter:

____

____

Das erfahre ich über sein Aussehen:

____

____

Das erfahre ich sonst noch:

____

____

6 **Ergänze die Tabelle, indem du dir weitere Merkmale zu dieser Person ausdenkst. Sie sollten zu den bereits vorhandenen passen. Trage sie in die Tabelle ein. Verfasse dann daraus eine Personenbeschreibung. Formuliere in ganzen Sätzen.**

Tabelle zur Beschreibung einer Person

Gesamteindruck	Gesicht	Körper	Kleidung	besondere Kennzeichen
gepflegt	länglich	schlank	modern	welliges Haar
				blasses Gesicht

Meine Beschreibung der Person:

____

____

____

____

____

____

7 a **Lies die Tierbeschreibung. Um welches Tier handelt es sich?**

Es ist das größte Landsäugetier auf unserem Planeten. Es kann vier Meter groß und bis zu zehn Tonnen schwer werden. Seine Nahrung sind Blätter und Zweige. Es reißt sie mit seiner länglich geformten biegsamen Nase von den Bäumen ab. Mit dieser Nase kann es auch laute trompetenartige Laute hervorbringen.

Das gesuchte Tier ist ______________________.

b **Was erfährt man in der Beschreibung? Ergänze die Angaben.**

In der Beschreibung erfährt man etwas über:

die Größe des Tieres, ______________________

____

____

____

____

____

8 **Sophie möchte ihrer Brieffreundin Lina ihre neue Katze beschreiben. Dazu hat sie zuerst alles notiert, was sie über die Katze weiß und was sie beobachtet hat. Die Stichwortsammlung ist noch ungeordnet. Hilf ihr, daraus eine Beschreibung zu formulieren.**

Kater, Brust und weiße Pfoten, weiß-rot geringeltes Schwanzende, goldfarbene Augen, ausgewachsen, kräftig, Hauskatze, rötlich-braunes Fell, kastriert, hört auf den Namen Benny, acht Jahre alt

Liebe Lina,
stell dir vor, seit letzter Woche habe ich eine Katze …

____

____

____

____

____

____

____

____

9 Trage zu den Merkmalen in der Tabelle die jeweils passenden Oberbegriffe ein.

Name des Tieres	**Bengalischer Tiger**
	bis zu drei Meter lang
	bis ca. 250 kg
	Jäger, Einzelgänger
	Hirsche, Wildschweine, Büffel, Affen
	Indien
Tragezeit des Weibchens	Die Jungen kommen nach etwa 100 Tagen zur Welt.
	kann sehr gut sehen und hören, kann seine Beute im Dunkeln aufspüren, ist überaus kräftig, kann sich ganz leise anschleichen
	Mensch (Wilderei)

10 Vergleiche die beiden Abbildungen. Welche Gemeinsamkeiten und Unterschiede stellst du im Aussehen der Tiere fest?

Abb. 1 (Marder)

Abb. 2 (Wiesel)

Gemeinsamkeiten:

Unterschiede:

Training

5 Personen- und Tierbeschreibung

1 **Sieh dir die vier Wortreihen an. Welche Wörter passen nicht in die Reihen? Streiche sie weg. Schreibe die Begründung für deine Entscheidung auf die Linie.**

a) unrasiert, Doppelkinn, Hakennase, mollig, blaue Augen

b) glatt, kurz, grau, zusammengekniffen, fettig, dünn, dicht

c) o-beinig, dick, untersetzt, gescheitelt, schlank, muskulös

d) modern, lässig, elegant, alltäglich, vornehm, luxuriös, spitz

2 **Sieh dir die Person an. Prüfe, ob die Stichwortsammlung zur Personenbeschreibung korrekt ist. Streiche alles, was nicht zutrifft, weg.**

Karl-Theodor zu Guttenberg

Stichwortsammlung:
schwarzer Anzug, weißes Hemd, gestreifte Krawatte in der Farbe Beige, schmale Nase, spitzes Kinn, Nickelbrille mit eckigen Gläsern, dunkle Augenbrauen, sehr große anliegende Ohren, längliches Gesicht, Haare gescheitelt, Haare nach vorne gekämmt und mit Gel gefestigt, dichter Haarwuchs

3 Schriftsteller beschreiben Personen oft anders, als es die Polizei bei Vermisstenanzeigen tut.

a Markiere die Textstellen, die eine persönliche Wertung enthalten, rot.

b Ordne die Merkmale, die der Autor aufzählt, den Oberbegriffen in der Tabelle zu.
Ergänze die fehlenden Oberbegriffe.

„Erst als wir … zum Dachboden hinaufstiegen, konnte ich den Mann genauer ansehen. Er war nicht sehr groß, hatte aber den Gang und die Kopfhaltung von groß gewachsenen Menschen, er trug einen modernen bequemen Wintermantel und war im übrigen anständig, aber unsorgfältig gekleidet, glatt rasiert und mit ganz kurzem Kopfhaar, das hier und dort ein wenig grau flimmerte. Sein Gang gefiel mir anfangs gar nicht, er hatte etwas Mühsames und Unentschlossenes, das nicht zu dem scharfen, heftigen Profil … passte … Überhaupt machte der ganze Mann den Eindruck, als komme er aus einer fremden Welt, etwa aus überseeischen Ländern … Er war, wie ich nicht anders sagen kann, höflich, ja freundlich … und dennoch war um den ganzen Mann herum eine fremde und, wie mir scheinen wollte, ungute oder feindliche Atmosphäre."
(aus Hermann Hesse: Der Steppenwolf)

Merkmale zur Beschreibung der Person

Geschlecht	*Mann*
Herkunft (Vermutung)	
persönliche Wertung	

4 Bei den nebenstehenden Oberbegriffen zur Personenbeschreibung fehlt jeweils die erste Silbe.
Schreibe die Wörter richtig auf.

*Kopf***form**	**-gur**	**-ße**	**-wicht**
	-dung	**-sur**	**-schlecht**
	-ter	**-re**	**-sicht**
	________	________	________
	________	________	________
	________	________	________

5 Beschreibe die dargestellte Person möglichst genau. Achte auf Besonderheiten in Aussehen und Kleidung.

Beschreibung der dargestellten Person:

6 Lies den Text und kreuze an, welche Antwort zutrifft.

Das Känguru zählt zu den Beuteltieren und lebt in Australien. Es ernährt sich von Gräsern und Sträuchern. Aufgrund seiner kräftigen Hinterbeine kann es mehrere Meter weit springen. Sein größter Feind ist ein australischer Wildhund, der Dingo. Das jüngste Känguru heißt Sammy und kam am 6. August zur Welt.

Bei dem Text handelt es sich um (bitte ankreuzen)

- ☐ eine Beschreibung in einem Biologiebuch.
- ☐ ein Hinweisschild in einem Zoo.
- ☐ eine Beschreibung in einem Reiseprospekt.

7 Prüfe, ob die Beschreibungen zu den Abbildungen passen. Unterstreiche fehlerhafte Textstellen. Formuliere sie passend zum Bild um.
Gib zu Abb. 2 und 3 das Geschlecht des Tieres an.

© ALIMDI.NET/Guenter Fische

Abb. 1: Walliser Schwarznasenschaf

Um das Maul und um die Nase hat das Fell eine schwarze, zwischen Gesicht und Ohren eine weiße Färbung. An den Vorderknien, den Sprunggelenken und Füßen hat das Schaf schwarze Flecken. Dunkle Flecken gibt es auch im Rückenfell. Das Fell ist ockerfarben und dicht.

Verbesserungsvorschlag: ______________________

____

© Juniors Bildarchiv

Abb. 2: Heidschnucke

© Premium/Delphoto

Abb. 3: Heidschnucke

Abb. 2
Geschlecht: ____________

Abb. 3
Geschlecht: ____________

Das Fell ist lang und dicht, silbergrau bis dunkelgrau. Am Kopf und an den kurzen, stämmigen Beinen ist das Fell kurz und schwarz. Auch die Schnauze ist schwarz. Die Hörner sind beim Weibchen sichelförmig nach hinten gebogen, beim Männchen schneckenförmig, mit den Hornspitzen nach vorn, gekrümmt.

Verbesserungsvorschlag: ______________________

____

____

Check

5 Personen- und Tierbeschreibung

Überprüfe dein Wissen und Können in diesem Test!

20 Punkte kannst du erreichen. So erfährst du, was du schon kannst oder erneut durcharbeiten solltest.

1 Welche Oberbegriffe passen zu den Merkmalen? Füge sie hinzu.

__ /3

________________: gebückt, schief, gebeugt

________________: spröde, dünn, fettig

________________: untersetzt, übergewichtig, stämmig

2 Welche beobachtbaren Gesichtsmerkmale der Person sind noch zu ergänzen? Schreibe drei auf.

__ /3

© Reinhard Eisele

große Ohren, Stirnfalten, dunkle Hautfarbe,

____

3 Unterstreiche die beschreibenden Teile des Textes grün. Unterstreiche die persönlichen Wertungen rot.

__ /4

Ihre weißen Zähne standen so sauber in Reih und Glied, dass ich sie für unecht hielt. Die dunklen Punkte auf ihrem weißen Schal wirkten dagegen wie Trauerkugeln. Mit ihren braunen Augen sah sie hübsch aus, ihre herunterhängenden Schultern drückten jedoch Langeweile aus.

4 Welche Wörter passen nicht in die Reihe? Streiche sie weg.

__ /2

platt, glatt, tief, gewellt, strähnig, gefärbt, groß, dünn, dicht, grau

5 Was ist mit den Vergleichen ausgedrückt?

__ /3

Er sieht so aus, als könnte er eine Banane quer fressen.

Das ist gemeint: ________________________________

Sie hat Segelohren:

Das ist gemeint: ________________________________

Man meint, er hätte einen Stock verschluckt.

Das ist gemeint: ________________________________

6 **Welche Wörter sind keine Oberbegriffe? Kreuze an.**

__/2

- ☐ Lebensraum
- ☐ Wasserbüffel
- ☐ Aggressivität
- ☐ natürliche Feinde

7 **Füge zu jedem Oberbegriff ein weiteres passendes Adjektiv hinzu. Vermeide Farbadjektive sowie die Wörter „groß“ und „klein“.**

__/3

Fell: *dicht,* ______________________

Schwanz: *lang,* ______________________

Hörner: *spitz,* ______________________

Punktzahl gesamt: ______ von 20 Punkten

Rückmeldung zu deinen Testergebnissen:

20 – 16 Punkte: Tolle Leistung! Du kennst dich wirklich gut in dieser Einheit aus und kannst stolz auf deine Arbeit sein.

15 – 9 Punkte: Du hast vieles schon verstanden, aber einzelne Bereiche bereiten dir offenbar noch Schwierigkeiten. Sieh dir diese Seiten gründlich an und mache die entsprechenden Übungen noch einmal.

8 – 0 Punkte: Das war leider noch nicht so erfreulich. Sicher hast du mehr erwartet. Du kannst es auch erreichen, wenn du die Kurs- und Trainingsseiten erneut gründlich durcharbeitest. Wenn etwas unklar ist, sieh dazu im Wissensteil nach!

Bildbeschreibung

Allgemeines
Wenn geklärt ist, welche Art von Bild vorliegt, ist die Frage nach dem Bildinhalt wichtig. Sind Personen, Gegenstände, Tiere oder abstrakte Formen dargestellt? Zu prüfen ist, welche Bildinhalte wesentlich und welche eher nebensächlich sind. Das hat damit zu tun, wo sie sich befinden, wie groß und auffällig und mit welchen Mitteln sie dargestellt sind. Form, Farbe, Perspektive und Detailgenauigkeit spielen eine Rolle. Manche Bildteile sind auf Anhieb zu erkennen, manche nicht. Wenn nicht, können Vergleiche helfen sie näher einzugrenzen *(„Es sieht aus wie eine Kugel")*. Zum Schluss kann man vermuten, warum sie gerade so und nicht anders dargestellt sind.

Hilfsfragen bei einer Bildbeschreibung:

Um welche Art von Bild handelt es sich?
Zeichnung, Malerei, Foto, Druck, Comic, Computergrafik

Was ist dargestellt?
eine Person oder mehrere, ein Tier oder mehrere, Menschen und Tiere, ein Gegenstand oder mehrere, eine Stadt, eine Landschaft, ein Fluss, das Meer, abstrakte Formen (Linien, Kreis, Quadrat, Rechteck, Kugel, Kegel, Quader, Pyramide, Zylinder, Röhre)

Was ist hauptsächlich, was nebensächlich?
Wo befindet sich ein bestimmtes Bildelement?
in der oberen/unteren Bildhälfte,
am linken, rechten Bildrand, in der Bildmitte,
im Vordergrund/Mittelgrund/Hintergrund

Wie groß ist es?
winzig, riesig, lebensgroß,
nimmt das ganze/halbe Bildformat ein

Wie ist es dargestellt?
schwarz-weiß, farbig, hell, dunkel, von vorn (frontal), von der Seite (Profil), klar, verschwommen,
Vogelperspektive: von oben,
Froschperspektive: von unten

Welche Form hat es?
länglich, rund, eckig, eiförmig, spitz, kantig, gekrümmt, spiralig

Welches Format liegt vor?
Hochformat (Senkrechte betont),
Querformat (Waagerechte)

Wie wirkt es?
heiter, traurig, langweilig, interessant, gegensätzlich, harmonisch

Wodurch kommt diese Wirkung zustande?
Farbwahl, Art der Zeichnung/Malweise, Anordnung, Format, Technik (Foto, Zeichen- oder Maltechnik, PC- Grafikprogramm)

Wissen

Plakat
Plakate dienen dazu, viele Menschen gezielt über etwas zu informieren *(z. B. über ein Konzert)*. Auf vielen Plakaten spielt auch die Schrift eine Rolle, etwa die Schriftart oder -größe. Die Anordnung von Bild und Text ist nicht zufällig. Der Betrachter soll das Plakat von weitem wahrnehmen.

Hilfsfragen zur Plakatgestaltung:

Sind alle Informationen gut angeordnet?
Sind Schrift und Bild von weitem gut zu erkennen?
Nimmt der Betrachter das Plakat wahr, schaut er es an?

Checkliste zum Erstellen eines Plakats:

Überschrift	(passend? kurz? prägnant?)
Informationsgehalt	(alle Infos gegeben?)
Anordnung	(übersichtlich?)
Schrift und Bild	(groß genug? gut lesbar? sinnvoll angeordnet?)

Bildfolge
Bei einer Bildfolge beziehen sich mehrere Einzelbilder aufeinander und geben eine kurze Handlung wieder (z. B. Comic). Oft sind bei Personen Gestik und Mimik betont. Sprechblasen können helfen die Handlung zu verdeutlichen.

Bildfolge

kurze Handlung, kleine Geschichten, Dialoge,
mit oder ohne Sprechblasen,
häufiges Thema: Verwandlung

1 a Beschreibe das Bild.
Was siehst du?
Was fällt dir auf?

Abb. 1: Pierre-Auguste Renoir,
Mademoiselle Julie Manet mit Katze (1887)

Beschreibe die Person:

____

____

____

Beschreibe die Katze:

____

____

____

Was fällt dir sonst noch auf?

____

____

____

b Fülle die Lücken in den Sätzen aus.

Die Kopfform des Mädchen ist ____________.

Die Muster im Kleid sind ____________

____________.

Das Mädchen blickt nach ____________

____________.

Die Kopfhaltung ist ____________.

2 a **Betrachte das Gemälde. Beschreibe die Personen. Gehe auf ihr Aussehen, ihre Haltung, ihre Kleidung ein.**

Abb. 2: Vincent van Gogh, Nachtcafé

Darstellung der Personen:

______

______

______

______

b **Kreuze an, welche Aussagen zum Bild zutreffen und welche nicht.**

Eine Person steht, die übrigen sitzen.

☐ trifft zu ☐ trifft nicht zu

In dem Raum sind vier Deckenleuchten zu sehen.

☐ trifft zu ☐ trifft nicht zu

In der rechten und linken Bildhälfte sind jeweils drei Personen.

☐ trifft zu ☐ trifft nicht zu

Im Vordergrund links steht ein einzelner Stuhl.

☐ trifft zu ☐ trifft nicht zu

Drei Personen sitzen nebeneinander.

☐ trifft zu ☐ trifft nicht zu

Auf zwei Tischen stehen Gläser.

☐ trifft zu ☐ trifft nicht zu

Auf dem Billardtisch liegen drei Kugeln.

☐ trifft zu ☐ trifft nicht zu

Zwei Personen tragen helle Hüte.

☐ trifft zu ☐ trifft nicht zu

c **Benenne die Hauptfarben, die im Bild vorkommen.**

Die Hauptfarben im Bild sind

______

3 **Sieh dir das Gemälde an. Welche geometrischen Formen kommen im Bild vor?**

Abb. 3: Kasimir Malewitsch, Suprematist Composition, 1915 (oil on canvas)

Es kommen folgende geometrische Formen vor:

____

____

Die größte Form ist ______________ *und befindet sich* ______________.

4 **Sieh dir die Bilder an. Für welche Plakatthemen eignen sie sich?**

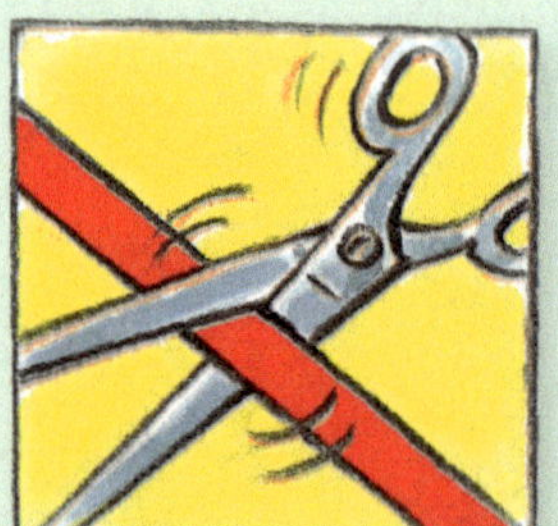

Abb. 4

Abb. 5

Abb. 6

Abb. 7

Abb. 4 ______________

Abb. 5 ______________

Abb. 6 ______________

Abb. 7 ______________

5 Gestalte ein Plakat, in dem du (deinen Klassenkameraden) deinen Wohnort vorstellst. Formuliere zu den Besonderheiten deines Wohnorts einen Text.

Stichwortsammlung (Das hat mein Wohnort alles zu bieten):

____

____

Das ist etwas ganz Besonderes an meinem Wohnort:

____

____

Folgende Bilder sollen auf mein Plakat:
Bild 1 (wichtigstes Bild): weiteres Bild:

______________ ______________

Diese Überschrift soll mein Plakat haben:

____

Über die Besonderheiten schreibe ich diesen Text:

____

____

____

So soll mein Plakat aussehen:

Zeichne ein, wo und wie Überschrift, Text und Bild(er) angeordnet werden.

Fitness-Einheit 6 Bildbeschreibung/Bilderfolge

6 a Beschreibe, worum es in der Bildergeschichte geht.

Im ersten Bild

Im zweiten Bild

Im dritten Bild

Im vierten Bild

b Warum nimmt das Mädchen immer ihren Teppich mit?

c Wie gefällt dir die Bildergeschichte? Begründe.

7 Wie würdest du den oberen Teil des Plakats gestalten, bei dem es um ein Oldtimertreffen geht?

Überschrift: ____________________

Bild(er): ____________________

Anordnung: ____________________

Was wird geboten? ____________________

Dazu gibt es schon Infos auf dem unteren Teil des Plakats:

8 Was könnte auf dem Bild dargestellt sein? Beschreibe die Situation und auch die Gedanken, die die Person haben könnte.

Diese Situation könnte hier dargestellt sein:

Diese Gedanken könnte die Person haben:

1 a Stell dir vor, du sollst ein Plakat über Nagetiere in unseren heimischen Regionen erstellen. Wähle eine passende Überschrift. Beschränke dich bei den Merkmalen auf die fünf wichtigsten, bei der Bildauswahl auf drei Tiere. Begründe deine Auswahl.

Säugetiere, weltweit verbreitet, 40 % der Säugetiere sind Nager,überwiegend Pflanzenfresser, bekommen mehrmals im Jahr Nachwuchs, oft Winterschlaf, Feinde sind Greifvögel, typisch sind vier vergrößerte Schneidezähne, je zwei in Ober- und Unterkiefer, keine Eckzähne, drei hintere Backenzähne, meist kurzbeinig und klein, dichtes Fell, dämmerungs- oder nachtaktiv

Nagetiere bei uns: Kaninchen, Feldmaus, Ratte, Eichhörnchen, Hamster, Biber (größtes Tier), Meerschweinchen, Siebenschläfer, Murmeltier, einige Nager sind auch Haustiere

Abb. 1 (Biber)

Abb. 2 (Biber)

Abb. 3 (Eichhörnchen)

Abb. 4 (Meerschweinchen)

Abb. 5 (Eichhörnchen)

Abb. 6 (Meerschweinchen)

Überschrift für mein Plakat:

____

Auswahl der fünf wichtigsten Merkmale:

____

____

____

Begründung: ______________________________

____

____

____

Von den abgebildeten Tieren würde ich diese Bilder auswählen:

____

____

Begründung: ________________________________

____

____

____

b Wähle aus den Schriftarten eine passende für die Überschrift und den Text aus.

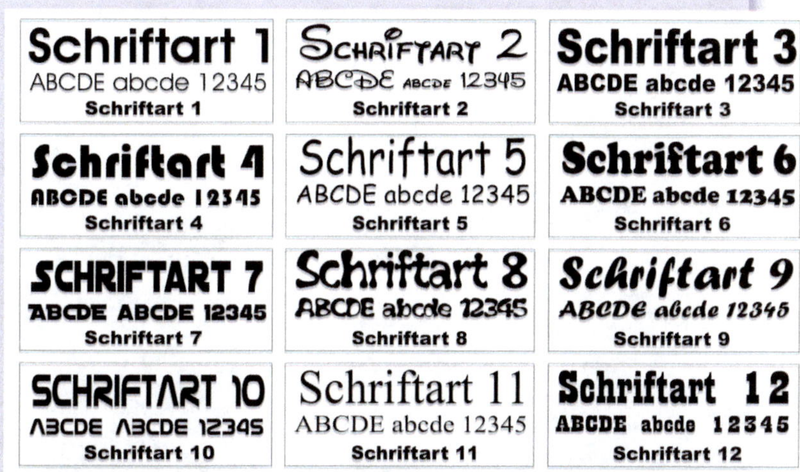

Quelle: willboard.de

Ich würde Schriftart Nr. _____ für die Überschrift wählen, weil …

____

Ich würde Schriftart Nr. _____ nicht auswählen, weil …

____

Mir gefällt keine der Schriften. Meine bevorzugte Schrift müsste so aussehen:

für die Überschrift: ____________________________

____

für den Text: ________________________________

____

2 **Beschreibe auf einem Extrablatt das Gemälde in Abb. 7. Unterscheide zwischen Vorder-, Mittel- und Hintergrund.**

Abb. 7: Hans Rottenhammer, Schlafende Zigeunerin (1897)

Vordergrund
Mittelgrund
Hintergrund

3 **a** **Betrachte das Gemälde in Abb. 8. Ordne deine Beobachtungen den Oberbegriffen auf einem Extrablatt stichwortartig zu.**

Tipp: Wie viele Personen siehst du? Wo befinden sie sich? Wie ist ihre Haltung, wie ist die Kleidung der Personen?

Abb. 8: Georges Seurat, Personen mit schwarzem Pferd (1883)

Format
Personen- und Tierbeschreibung

b **Welche Farben fallen sofort auf? Wo kommen sie im Bild vor? Welche unterschiedlichen Blautöne siehst du?**

Farbgebung
Bildhintergrund
Jahreszeit

4 a Beschreibe, was in der Bildergeschichte passiert. Zeichne zu jedem Bild eine Sprechblase und schreibe hinein, was der Mann denkt. Finde eine treffende Überschrift für die Geschichte.

Überschrift:

____

Situation 1:

____

____

____

____

Situation 2:

____

____

____

____

Situation 3:

____

____

____

____

Situation 4:

____

____

____

____

b Warum ist das Ende der Geschichte unerwartet?

c Wie gefällt dir die Bildergeschichte? Begründe.

Check

6 Bildbeschreibung/Bilderfolge

Überprüfe dein Wissen und Können in diesem Test!

20 Punkte kannst du erreichen. So erfährst du, was du schon kannst oder erneut durcharbeiten solltest.

1 Auf welche geometrischen Grundkörper gehen diese Gegenstände zurück?

__/3

Luftballon: ______________________

Eiswaffel: ______________________

Streichholzschachtel: ______________________

2 Gib an, wo sich der rote Kreis und das kleinste Dreieck im Bild befinden.

__/4

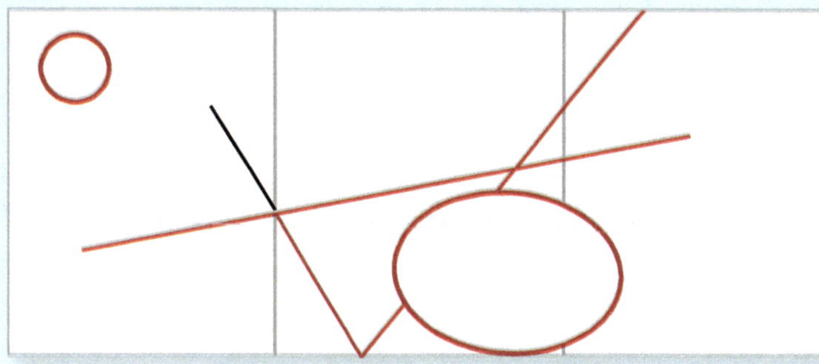

Der rote Kreis befindet sich ______________________,

das kleinste Dreieck ist ______________________.

3 Was ist beim Erstellen eines Plakats zu beachten?

__/3

Beim Erstellung eines Plakats ist zu beachten:

____

____

4 Was kann ein geeigneter Bildhintergrund sein?

__/2

Zwei Beispiele für einen Bildhintergrund:

____

____

5 Bei einer Bildbeschreibung ist anzugeben, wo sich etwas im Bild befindet.

__/2

Wenn etwas vorne dargestellt ist,

steht es im ______________________.

Wenn etwas hinten dargestellt ist,

steht es im ______________________.

Wenn etwas in der Mitte dargestellt ist,

steht es im ______________________.

6 **Was beschreibt eine Bildfolge? Woraus setzt sie sich zusammen?**

__/2

Eine Bildfolge beschreibt ______________________.

Sie setzt sich zusammen aus ______________________.

7 **Woran ist zu merken, dass ein Bildinhalt wesentlich ist?**

__/2

Ein Bildinhalt ist wesentlich, wenn ______________________

____

____

8 **Formuliere zu den Kriterien der Plakatgestaltung jeweils eine passende Frage.**

__/2

Überschrift:

____

Anordnung (z. B. Schrift, Bild):

____

____

Punktzahl gesamt: ______ von 20 Punkten

Rückmeldung zu deinen Testergebnissen:

20 – 16 Punkte: Tolle Leistung! Du kennst dich wirklich gut in dieser Einheit aus und kannst stolz auf deine Arbeit sein.

15 – 9 Punkte: Du hast vieles schon verstanden, aber einzelne Bereiche bereiten dir offenbar noch Schwierigkeiten. Sieh dir diese Seiten gründlich an und mache die entsprechenden Übungen noch einmal.

8 – 0 Punkte: Das war leider noch nicht so erfreulich. Sicher hast du mehr erwartet. Du kannst es auch erreichen, wenn du die Kurs- und Trainingsseiten erneut gründlich durcharbeitest. Wenn etwas unklar ist, sieh dazu im Wissensteil nach!

Wissen

Anleitungen

Mit einer Anleitung wird sachlich und genau erklärt, wie man etwas tun kann. Meist helfen zusätzliche Bilder den Handlungsablauf klarzumachen. Anleitungen werden im Präsens verfasst.

Präsens:
Der Halterung wird seitlich befestigt.
Sie schrauben die Halterung seitlich fest.

Sachliche, genaue Beschreibung:
Treffende Ausdrücke (Verben, Adjektive) sind hilfreich.
festschrauben, hineindrehen, umdrehen, kleben
zuerst, nach zwei Minuten, an der Vorderseite, unten links

Bastelanleitung

Alle zum Basteln benötigten Materialien und Teile sind anzugeben. Die richtige Reihenfolge der einzelnen Arbeitsschritte ist zu beachten. Treffende Verben und Adjektive in der Beschreibung helfen dem Bastler sein Vorhaben erfolgreich umzusetzen.

Häufig verwendete Materialien beim Basteln:
Kleber, Schere, Papier, Pappe, Kordel, Schneidemesser

die Reihenfolge angeben:
erst, zunächst, dann, danach, anschließend, zum Schluss

treffende Verben verwenden:
kleben, (kreisrund) ausschneiden, abknicken, falten, einritzen

präzise Angaben machen:
das untere Ende, den kürzeren Teil, an der Faltlinie, am Knick

Kochrezept

Zuerst sind alle Zutaten mit Mengenangabe sowie die Geräte aufzulisten, die für die Zubereitung benötigt werden. Beim Kochen ist die richtige Reihenfolge sehr wichtig. Fachausdrücke sind zu benutzen. Genaue Zubereitungszeiten müssen angegeben werden.

Beispiele für Zutaten:
Kartoffeln, Rindfleisch, Tomaten, Mehl, Butter, Olivenöl

Mengenangaben:
1 Liter, 500 g, 1 EL (Esslöffel), 1 TL (Teelöffel),
1 Bund, 4 Eier

Zeit- und Temperaturangaben:
40 Minuten, bei schwacher Hitze, bei 200 °C

Sonstige Hinweise zur Tätigkeit:
langsam, schnell, behutsam, gleichmäßig, abwechselnd

Wissen

Spielanleitung
Für manche Spiele muss man gewisse Voraussetzungen mitbringen, für andere nicht.
Neben dem für das Spiel benötigten Material sind das Ziel des Spiels und die Spielregeln zu nennen. Die Spielanleitung soll knapp, sachlich und für die Spieler verständlich sein.

Spielvoraussetzungen:
bestimmtes Alter, Anzahl, Zusammensetzung der Spieler

benötigtes Material:
Spielbrett, Spielfeld, Ball, Schläger, Spielfiguren

Ziel des Spiels:
die meisten Punkte, die schnellste Zeit erreichen, Tore schießen

Spielregeln:
niemanden verletzen, Linien in einem Spielfeld beachten

Gebrauchsanweisung
Beim Kauf eines Gerätes erhalten Kunden oft eine Gebrauchsanweisung. Sie hilft einem das Gerät richtig in Betrieb zu nehmen und Bedienungsfehler zu vermeiden.

Art des Gerätes:
Haushaltsgerät, Computertechnik, Audiovisuelle Medien, Mobilfunk

Fachausdrücke:
je nach Bereich unterschiedlich

genaue Hinweise:
der grüne Knopf, das blaue Kabel

1 **Wähle aus, welche Wörter zur Angabe der Arbeitsschritte beim Basteln geeignet sind.**

als Erstes, zuletzt, gestern, plötzlich, danach, nun, früher, übermorgen, dann

____

2 **Lies die Bastelanleitung. Welche Arbeitsschritte sind unbedingt notwendig, damit du den Flieger basteln kannst.? Markiere sie.**

Basteln eines Papierfliegers:

1. DIN-A4-Papier haben wir immer zu Hause.
2. Ich falte ein DIN-A4-Blatt der Länge nach in der Mitte.
3. Es ist nicht gut, wenn das Papier zerknittert ist.
4. Nun falte ich die oberen Ecken (Querseite) zur Mittellinie hin.
5. Jetzt falte ich die dadurch entstandenen Außenecken zur Mittellinie.
6. Danach wende ich das Blatt und falte die Außenseiten zur Mittellinie.
7. Endlich bin ich mit dem Falten fertig.
8. Anschließend klebe ich den Flieger in der Mitte zusammen.
9. Jetzt hoffe ich, dass der Kleber den Flieger auch zusammenhält.
10. Ob ich den Papierflieger anmale, weiß ich noch nicht.

3 **Leider fehlt zur Bastelanleitung die Materialliste. Ergänze sie.**

Basteln einer Langnase

Materialliste: ______________________________

____

____

Auf meinem Zeichenblock messe ich vom Rand her nach innen mit dem Lineal 7 cm ab. Das tue ich an mehreren Stellen und markiere die Punkte mit dem Bleistift. Dann schneide ich mit der Schere ganz viele 7 cm lange und etwa gleich breite Papierstreifen ab, die ich nun mit Tesafilm alle aneinander klebe. Die Gesamtlänge soll etwa einen Meter betragen. Nun rolle ich diesen langen Papierstreifen zu einer festen Rolle zusammen, das Ende der Rolle klebe ich mit einem Tesastreifen fest. Vorsichtig ziehe ich jetzt das Innere der Rolle als Spitze zu einer Spirale heraus. Dann schneide ich die Klopapierrolle auf, wickle sie zu einer Tüte und klebe sie so zusammen. Ich schiebe die Tüte behutsam auf das breite Ende der Spirale und verbinde die beiden Teile mit Tesafilm. Mit einer dicken Nadel steche ich oberhalb der Mitte zwei Löcher. Dadurch ziehe ich dann etwas Kräuselgummi und befestige ihn an den beiden Löchern mit einem festen Knoten. Mit den Wasserfarben und Buntstiften male ich die Langnase bunt an. Jetzt ist sie fertig und ich kann sie aufsetzen.

Dorothee Steinkamp, Grundschule Wiltingen

4 Beim Kochen werden verschiedene Fachausdrücke verwendet, die du sicher kennst. Ordne jedem Verb ein passendes Nahrungsmittel zu.

kochen	____________	braten	____________
grillen	____________	dünsten	____________
backen	____________	frittieren	*Kartoffeln*

5 a Ein Rezept zum Backen von Waffeln ist etwas durcheinander geraten. Ordne die Angaben nach Zutaten und Geräten.

Waffeln backen

An Zutaten und Geräten werden benötigt:
125 g Butter, Waage, 2 Eier, Backschüssel, Prise Salz, 100 g Zucker, Rührgerät, 1 klein geschnittene Vanillestange, Waffeleisen, 1 TL Backpulver, ¼ l Wasser, 250 g Mehl, Gabel

Zutaten:

____

____

Geräte:

____

b Bei der Beschreibung der Arbeitsschritte hat jemand sich einen Scherz erlaubt und viele Verben miteinander vertauscht. Du erkennst sie daran, dass sie fett gedruckt sind. Schreibe das richtige Verb in die Klammer.

1. 125 g Butter schaumig **gießen** (____________) und eine Prise Salz **schlagen** (____________)
2. Mehl, Backpulver und die klein geschnittene Vanillestange mit der Butter **hinzugießen** (____________)
3. die beiden Eier und den Zucker hinzufügen
4. so lange **dazugeben** (____________), bis die Mischung glatt ist
5. noch einmal vorsichtig, allmählich schneller werdend, umrühren
6. während des Umrührens vorsichtig das Wasser **rühren** (____________)
7. das Waffeleisen **verrühren** (____________) und vom umgerührten Teig zwei Esslöffel auf die heiße Fläche des Waffeleisens **einschalten** (____________)

6 **Schreibe auf, was du mit den aufgeführten Zutaten alles machen kannst.**

*Beispiel: Milch kann ich **aufkochen**.*

Zwiebeln kann ich ________________.

Wasser kann ich ________________.

Möhren muss ich erst ________________.

Eine Prise Salz kann ich ________________.

Mit etwas Pfeffer kann ich eine Speise ________________.

Fleisch bereite ich zu, indem ich es ________________.

Frischen Fisch kann ich ________________.

Sahne kann ich ________________.

Geriebenen Käse kann ich ________________.

Den Ofen muss ich manchmal auf 180°C ________________.

7 **Überlege, wie du die aufgeführten Tätigkeiten noch genauer beschreiben kannst.**

*Beispiel: den Brei verrühren, aber wie? **klümpchenfrei***

Käse darüber streuen, aber wie? ________________

alles mit Pfeffer würzen, aber wie? ________________

die Sahne schlagen, aber wie? ________________

die Soße aufkochen lassen, aber wie? ________________

Zwiebeln schneiden, aber wie? ________________

die Schokoflocken unter den Teig heben, aber wie?

____

Tomatensoße auf dem Pizzateig verteilen, aber wie?

____

8 **Schreibe eine Anleitung für dein Lieblingsspiel.**

Mein Lieblingsspiel ist:

____

Für das Spiel braucht man:

____

Darum geht es in dem Spiel:

____

____

____

Das sind die Spielregeln:

____

____

____

____

____

9 **Finde eine passende Überschrift zu den Abschnitten der Spielanleitung und schreibe sie auf die Linie.**

Spielregeln Mau Mau

(1) ______________________________

Mau Mau wird mit 3 oder mehr Spielern und mit einem Skatkartenspiel gespielt.

(2) ______________________________

Gewonnen hat der Spieler, der als erstes seine letzte Karte abgelegt hat.

(3) ______________________________

Jeder Spieler erhält zu Beginn 5 Karten. Die übrigen Karten werden als Stapel verdeckt in die Mitte gelegt. Die erste Karte wird aufgedeckt daneben gelegt.

(4) ______________________________

Der Spieler links vom Kartengeber beginnt. Er hat 3 Möglichkeiten: Der Spieler legt auf die Karte dieselbe Farbe.

Beispiel: Er legt auf eine Pik 10 eine Pik Dame. Der Spieler legt dieselbe Karte in einer anderen Farbe.

Beispiel: Er legt auf eine Pik 10 eine Karo 10. Der Spieler legt einen Buben, egal in welcher Farbe.

Kann ein Spieler keine passende Karte spielen, so nimmt er eine Karte vom Stapel. Wenn die Karte passt, kann er sie ablegen, ansonsten ist der nächste Spieler dran.

(5) ______________________________

Einige Karten haben besondere Bedeutungen:

Wenn eine 7 fällt, muss der nächste Spieler 2 Karten aufnehmen. Es sei denn, er kann eine 7 nachlegen. Dann muss der folgende Spieler 4 Karten (2+2) aufnehmen. Es sei denn, er kann auch eine 7 nachlegen …

Wenn eine 8 fällt, muss der nächste Spieler aussetzen.

Wenn eine 9 fällt, erfolgt ein Richtungswechsel …, bis die nächste 9 fällt.

Wenn ein Bube gespielt wird, darf sich der Spieler eine Farbe wünschen. Ein Bube kann zu jeder Zeit gespielt werden …

(6) ______________________________

Das Spiel endet, wenn ein Spieler seine letzte Karte ablegt. Die anderen Spieler zählen die Werte ihrer Karten zusammen und bekommen sie als Minuspunkte angeschrieben.

10 **Die nebenstehenden Wörter finden sich oft in Gebrauchsanweisungen. Finde zu jedem Ausdruck ein Wort, das das Gegenteil beschreibt, und notiere es.**

ausleeren ______________________________

entnehmen ______________________________

gegen den Uhrzeigersinn ______________________________

____

schließen ______________________________

einlegen ______________________________

drücken ______________________________

1 Bringe die Arbeitsschritte in die richtige Reihenfolge. Schreibe die Nummer in die Klammer.

© Bastelideen.info

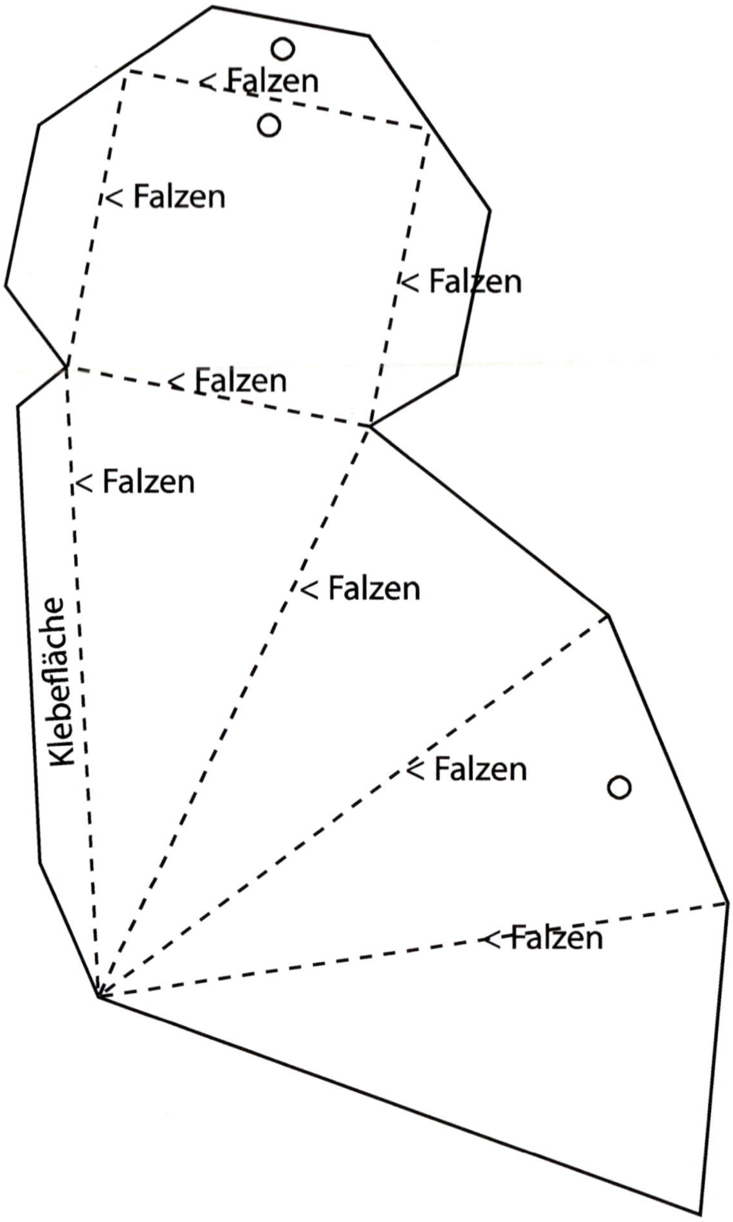

Bastelanleitung für eine Geschenkschachtel:

( ) Die vorgesehenen Löcher ausstanzen und den Deckel nach innen stecken.

( ) Die innere Linien falzen und umbiegen.

( ) Vorlage ausdrucken, auf das Papier übertragen und ausschneiden.

( ) Das Band durch die Löcher ziehen und in eine Schleife binden.

( ) Blütenformen aus einem Blatt Papier ausschneiden, zwei Schlitze einschneiden und das Band durch diese ziehen.

(3) Die Lasche innen aufkleben.

2 Erkläre deinem Freund/ deiner Freundin, wie er/sie die Geschenkschachtel bastelt. Verwende die „Du-Form".

1. Du ______________________________
____

2. Du ______________________________
____

3. Du ______________________________
____

4. Du ______________________________
____

5. Du ______________________________
____

6. Du ______________________________
____

3 Prüfe, ob die Spielanleitung zum Sackhüpfen verständlich ist.
Markiere die Stellen, die du verbessern würdest.
Schreibe deine Vorschläge auf.

Spielanleitung Sackhüpfen:

Ziel: Es geht darum der Schnellste zu sein.

Material: Man braucht irgendwelche Säcke.

Beschreibung: Zwei Gruppen werden gebildet. Ein Mitglied aus jeder Gruppe bindet sich einen Sack um. Der Sack wird mit beiden Händen festgehalten. Die beiden Ersten stellen sich hintereinander auf und versuchen nun zum Ziel zu hüpfen. Alle Mitglieder der beiden Mannschaften müssen die Strecke ablaufen. Die Mannschaft, deren Mitglieder als Erstes im Ziel sind, hat gewonnen.

Meine Verbesserungsvorschläge:

____
____
____
____
____
____
____
____

4 **Prüfe, welches Verb jeweils zum Arbeitsschritt passt und kreuze es an.**

Material:
- **Basteldraht (Bastelgeschäft)**
- **6 Plastikeier mit Löchern oben und unten**
- **Malfarben für Plastikeier (Bastelgeschäft)**
- **12 Perlen – Netzband oder Geschenkband**
- **Band zum Aufhängen**

Arbeitsschritte:

Die Plastikeier mit passenden Farben

☑ *anmalen* ☐ *vermengen*

danach ☑ *verzieren* ☐ *ausschneiden*

den Basteldraht durch die Löcher des ersten Eies

☐ stecken ☐ drücken ☐ klemmen

dann 2 Perlen, wieder ein Ei, wieder 2 Perlen

☐ herausziehen ☐ auffädeln ☐ einkleben

bis 6 Eier und 12 Perlen auf dem Draht sind.

Die Enden des Drahtes werden

☐ verschweißt ☐ zusammengedreht

☐ weggerollt.

Das Netzband oder Geschenkband

☐ trenne ☐ stelle ☐ lege

6 x zu einer Schleife und

☐ verrühre ☐ bestreiche ☐ befestige

diese in der Mitte mit einem Stückchen Draht.

Die Enden des Basteldrahtes

☐ wickle ☐ schraube ☐ schiebe

jeweils zwischen 2 Perlen, sodass die Schleifen zwischen den Perlen befestigt sind …

5 Lies das Kochrezept, bei dem es um die Zubereitung von Sprossen, eine Art von Hülsenfrüchten, geht. Beantworte danach die Fragen zum Text.

Quelle Kochrezept:
Edeka Werbeprospekt

Reiscreme mit Äpfeln und Powersprossen

Zutaten:
1 Tasse Jasminreis, 2 Tassen Orangensaft, ½ TL mildes Currypulver, 50 ml Kokosmilch, 4 EL Powersprossen, 1 Apfel

Zubereitung:
Viertele den Apfel, entkerne ihn und schneide ihn anschließend in sehr kleine Würfel. Gib den Orangensaft in einen Topf und koche ihn auf. Gib danach den Reis, das Currypulver und die Koksmilch hinein und lass alles zusammen auf kleinster Flamme ziehen, bis die Flüssigkeit vollkommen vom Reis aufgenommen wurde. Hebe die gut abgespülten Powersprossen und die Apfelwürfelchen unter. Die Reiscreme kannst du sowohl kalt als auch warm genießen.

6 a Wie viele unterschiedliche Mengenbezeichnungen enthält die Zutatenliste? Kreuze an, was zutrifft.

In der Zutatenliste gibt es

☐ vier ☐ fünf ☐ sechs verschiedene Mengenbezeichnungen.

b Kreuze an, welche Aussage dem Textinhalt entspricht.

In Stücke schneiden kann ich

☐ Fleisch ☐ Mehl ☐ Birnen ☐ Reis.

Entkernen kann man

☐ Kirschen ☐ Erdbeeren ☐ Avocados ☐ Bananen.

„Auf kleinster Flamme ziehen lassen" bedeutet

☐ den Topf auf eine offene Feuerstelle stellen

☐ den Topf auf eine Wärmevorrichtung (Stövchen) stellen

☐ bei niedriger Temperatur kochen.

c Kreuze an, welche Aussage dem Textinhalt des Kochrezeptes entspricht.

☐ Powersprossen und Apfelstückchen sind vorher gut abzuspülen.

☐ Die Powersprossen sind erst gut abzuspülen, bevor sie unter die Apfelstückchen gehoben werden.

☐ Der Orangensaft wird in einem Topf aufgekocht.

☐ Die Kokosmilch wird in einen Topf gegeben und aufgekocht.

d **In welcher Textstelle werden Angaben zur Temperatur gemacht? Schreibe sie ab.**

In dieser Textstelle werden Angaben zur Temperatur gemacht:

____

____

e **Welcher Satz gehört nicht mehr zum Rezept, sondern enthält einen Tipp?**

Dieser Satz enthält einen Tipp:

____

____

7 **Lies die Gebrauchsanweisung. Um welches Gerät handelt es sich?**
Welche Besonderheiten hat das Gerät?

Nach Einstecken des Netzschalters ist das Gerät betriebsbereit. Die Scheiben werden eingelegt, der Bräunungsgrad eingestellt und der seitlich angebrachte Hebel nach unten gedrückt, bis er hörbar einrastet. Sobald der Hebel nach oben springt, ist der Vorgang abgeschlossen. Die beiden Scheiben können nun herausgenommen werden.

Das Gerät ist ______________________________.

Es hat folgende Besonderheiten: ______________________________

____

____

____

____

______________________________.

Check 7 Anleitung

Überprüfe dein Wissen und Können in diesem Test!

20 Punkte kannst du erreichen. So erfährst du, was du schon kannst oder erneut durcharbeiten solltest.

1 Was erklärt eine Anleitung?

__/1

Eine Anleitung erklärt

____.

2 Welcher Schritt ist kein Arbeitsschritt? Kreuze an.

__/1

- ☐ das Brötchen in zwei Hälften schneiden
- ☐ das untere Ende abtrennen
- ☐ bei schwacher Hitze kochen lassen
- ☐ die angebrochene Tube nicht zu lange aufbewahren

3 Nenne drei Merkmale einer guten Gebrauchsanweisung.

__/3

Merkmale einer guten Gebrauchsanweisung sind:

____

____

____

4 In einer Spielanleitung spielen mehrere Dinge eine Rolle. Ergänze, was fehlt.

__/2

Eine Spielanleitung muss eingehen auf:

die Spielvoraussetzungen, das benötigte Material, außerdem ____.

5 Welche Formulierung beschreibt kein Ziel eines Spiels? Kreuze an.

__/2

- ☐ Gewonnen hat, wer als Erstes die Ziellinie überschritten hat.
- ☐ Das Spiel kann man auch draußen spielen.
- ☐ Sieger ist, wer zum Schluss keine Karten mehr hat.
- ☐ Man kann hierbei gewinnen oder ausscheiden.

6 Schreibe die Teile des Rezepts in der Befehlsform.

__/2

den Ofen auf 200 °C vorheizen

____

das Backblech mit Öl einreiben

____

7 Unterstreiche die falschen Mengenangaben.

__/3

2 l Wasser, 1 Tafel Tee, 1 EL Zitrone, 1 TL Honig, 1 Flasche Apfelsaft, 1 Packung Kaffee, 3 Löffel Mehl, 4 Stücke Würfelzucker

8 **Streiche die Verben, die man nicht in Kochrezepten findet.**

__/3

pürieren, aufkleben, schälen, entkernen, rühren, bügeln, schneiden, laufen, hacken, schaben

9 **Führe den Satz zu Ende und beschreibe genauer.**

__/2

Ziehe die Seilenden

____

____.

10 **Streiche das Wort, das nicht in die Materialliste einer Bastelanleitung passt.**

__/1

Sperrholz, Laubsäge, Feile, Bohrer, Nägel, Schrauben, Laub, Hammer, Zange

Punktzahl gesamt: ______ von 20 Punkten

Rückmeldung zu deinen Testergebnissen:

20 – 16 Punkte: Tolle Leistung! Du kennst dich wirklich gut in dieser Einheit aus und kannst stolz auf deine Arbeit sein.

15 – 9 Punkte: Du hast vieles schon verstanden, aber einzelne Bereiche bereiten dir offenbar noch Schwierigkeiten. Sieh dir diese Seiten gründlich an und mache die entsprechenden Übungen noch einmal.

8 – 0 Punkte: Das war leider noch nicht so erfreulich. Sicher hast du mehr erwartet. Du kannst es auch erreichen, wenn du die Kurs- und Trainingsseiten erneut gründlich durcharbeitest. Wenn etwas unklar ist, siehe dazu im Wissensteil nach!

Lösungen

1 Beschreiben – Erzählen – Informieren

Kurs

Seite 10–14

Aufgabe 1
Seite 10

Tessa: *Absicht:* sich bei jemandem für etwas entschuldigen
Klasse 6: *Absicht:* jemanden um einen Gefallen bitten
Mitarbeiter im Fremdenverkehrsamt Kassel: *Absicht:* Informationen einholen
Emmi: *Absicht:* jemanden zu etwas überreden wollen
Tim: Absicht: jemanden über etwas informieren

Aufgabe 2
Seite 11

SMS an Tessa: Buch leider verknickt, sorry! Kaufe neues vom nächsten Taschengeld. Rolf
SMS an Emmi: Bitte Ausflug verschieben! Bin sonst traurig! Tolle Überraschung wartet! Sonja
SMS an Tim: Druckerpatronen 2. Schublade von oben oder Regal, grüner Karton Nr. 3 von rechts

---

Aufgabe 3
Seite 11

Wann soll das Fest stattfinden?
Wo wollen wir unser Fest feiern?
Wie viele und welche Speisen und Getränke sind zu besorgen?

Aufgabe 4
Seite 11

(eigener Name und Adresse)
Familie Schmidt
Hollergasse 27

09.07.2010 (Datum)

Straßenfest am 16.07.2010 in unserer Straße (Betreffzeile)

Liebe Anwohner der Hollergasse,
(Liebe Nachbarn,) *(Anrede)*

am Freitag, dem 16.07.2010 möchten wir ein Straßenfest veranstalten. Ab 16.00 Uhr gibt es Kaffee und Kuchen, abends ab 18 Uhr haben wir einen riesengroßen Grill für alle aufgebaut und es wird ab 19 Uhr auch eine Band spielen. Ihr müsst (Sie müssen) noch mitbringen, was Ihr (Sie) gern grillen möchtet (möchten). Denkt (Denken Sie) bitte auch an Besteck! Teller und Becher stellen wir bereit.
Wir rechnen fest mit euch (Ihnen) und freuen uns sehr, wenn ihr kommt (Sie kommen).

Liebe Grüße (Grußformel)
Eure/Ihre Familie Schmidt (Unterschrift)

Aufgabe 5
Seite 12

Hallo,
Einladung zum Straßenfest 16.7., ab 16 Uhr Kaffee Kuchen, ab 18 Uhr Grill.
Grillgut und Besteck mitbringen! Freuen uns auf euch!
Familie Schmidt, Hollergasse 27

Aufgabe 6a
Seite 12

(12) mit steinzeitlichen Grüßen
(2) Frankfurt, 10.03.2010
(1) Vanessa Lammert
Klassensprecherin der Klasse 5a
(3) Einladung zur Projektpräsentation
(10) Ein Kommen lohnt sich, denn bei unserer Tombola können Sie interessante Preise gewinnen.
(11) Wir freuen uns riesig, wenn Sie kommen.
(4) Liebe Eltern,
(13) Ihre Vanessa Lammert (für die Klasse 5 a)
(6) Alle fünften Klassen stellen ihre Beiträge zum Projekt „Steinzeit" vor.
(7) In den Klassenräumen und Fluren stellen wir unsere selbst hergestellten Waffen, Werkzeuge, Tongefäße, Schmuckstücke und Tierzeichnungen aus.
(5) wir wollen am Mittwoch, dem 10.03.2010, von 14 bis 18 Uhr, unser Steinzeit-Projekt präsentieren.
(8) Auf dem Schulhof findet um 15.30 Uhr eineTheateraufführung statt.
(9) Für Essen und Trinken ist gesorgt. Es gibt auch Stockbrot.

Aufgabe 7
Seite 13

Stefanie Schulz
Mühlgasse (Hausnummer fehlt)
(keine Postleitzahl) München

Mai (kein genaues Datum)

Anrede fehlt

Seit meinem Umzug nach München ist schon viel Zeit vergangen. Leider komme ich erst jetzt dazu mich bei dir zu melden. Kommst du mich mal besuchen, vielleicht im Sommer? Ich freue mich auf deine Nachricht.

Deine Stefanie

Diese Briefteile fehlen:
Hausnummer und Postleitzahl des Absenders, Datum, Anrede

Stefanie könnte Hendrik noch mehr mitteilen, zum Beispiel:
wo sie genau wohnt, wie es ihr in der neuen Stadt, ihrer neuen Umgebung und Wohnung, gefällt, ob sie schon Freunde gefunden hat.

Aufgabe 8
Seite 13

Klasse 5 c
Nibelungenschule

Lieber Herr Dornhöfer,

wir bedauern es sehr, dass Sie nicht mehr unser Klassenlehrer sind. Mit Ihnen war es immer sehr lustig und das Lernen hat großen Spaß gemacht. Wie geht es übrigens Ihrem Hund Timmy? Bleibt Ihre Tochter Lucie noch an unserer Schule? Sie haben noch Ihren CD-Player in unserer Klasse vergessen. Wir alle würden uns sehr freuen, wenn Sie uns mal besuchen könnten und auch Ihr süßer Hund dabei wäre. Es grüßt Sie ganz herzlich

Ihre ehemalige Klasse 5 c

Aufgabe 9
Seite 14

Lieber Philipp, liebe Klara,
über euer Geschenk habe ich mich sehr gefreut. Für meinen nächsten Zelturlaub kann ich es sicher gut gebrauchen. Vielleicht habt ihr ja Lust mitzufahren. Mit euch wird es bestimmt lustig! Von eurem kaputten Zelt könnt ihr euch trennen, denn ich habe jetzt ein neues Zelt, in dem für uns alle genug Platz wäre. Ihr müsst nur an eure Schlafsäcke und Luftmatratzen denken.

Ich freue mich, wenn ihr beim nächsten Mal mitkommt.

Euer Carsten

Training

Seite 15–20

Aufgabe 1
Seite 15

Hallo (Name noch einfügen),

am Samstag, den 5. Mai, ist meine Geburtstagsfeier. Sie findet bei mir zu Hause statt. Da du aber noch nicht hier warst, erkläre ich dir kurz, wie du am schnellsten zu mir kommst. Du nimmst von der Schule aus denselben Bus wie zu dir, aber du steigst zwei Haltestellen früher aus. An der Bäckerei gehst du nach links und kommst am Weiher vorbei. Hinter dem Weiher führt ein schmaler Fußweg zu unserem Wohngebiet. Das ist eine Abkürzung. Wenn du die nimmst, geht es am schnellsten. Am Ende des Weges geht es dann nach rechts in die Mühlenstraße, dann wieder nach links in die Oberstraße. Ich wohne im fünften Haus auf der linken Straßenseite, es ist ockergelb und hat die Hausnummer 9. Man kann sie von der Straße aus sofort erkennen. Verlaufe dich nicht! Ruf an, wenn du es nicht findest (752435). Ich freue mich, dich wiederzusehen.
Es wird bestimmt eine tolle Party.

Dein Alex

Aufgabe 2
Seite 15

a)
Lieber Timo,

leider kann ich zu deiner Geburtstagsparty nicht kommen. Ich bin beim Radfahren gestürzt und habe mir den Fuß verstaucht. Es tut mir sehr leid, dass ich nicht kommen kann. Ich wünsche dir eine tolle Feier. Ich rufe dich an.

Liebe Grüße
Sara

b)
Lieber Timo,
kann leider nicht kommen! Bin beim Radfahren gestürzt, Fuß verstaucht. Sorry!
LG, Sara

Aufgabe 3
Seite 16

A

Hallo Herr Schmidt,

als Klassensprecherin der Klasse 5d will ich Ihnen die Meinung der Klasse sagen. Sie geben uns viel zu viele Hausaufgaben auf. Das finden wir überhaupt nicht gut. Die Klasse will, dass Sie das ändern.

Carmen Stoll, Klassensprecherin der 5 d

B

Sehr geehrter Herr Schmidt,

die Klasse 5 d hat mich gebeten Ihnen mitzuteilen, dass in letzter Zeit die Hausaufgaben für alle eine große Belastung sind, auch für mich selbst. Wir haben das Gefühl, dass sie zu schwer sind und wir für nichts Anderes mehr Zeit haben. Wir würden gern mit Ihnen mal darüber reden, ob es hier eine andere Lösung gibt.

Carmen Stoll, Klassensprecherin der 5 d

Ich finde B *besser gelungen, weil* die Beschwerde begründet wird. Außerdem bietet Carmen dem Lehrer an noch mal persönlich mit ihm darüber zu sprechen.

Aufgabe 4
Seite 16

Liebe Tina,

unser Flug war sehr angenehm, das Hotel ist schön und das Wetter superwarm. Gestern haben wir einen Tempel besichtigt. Das war sehr beeindruckend.
Viele liebe Grüße aus dem sonnigen Süden!

Dein Julian

Aufgabe 5
Seite 17

Lieber Philipp,

hier im Skigebiet haben wir viel Spaß, das Wetter zum Skifahren ist super. Unsere tolle Pension ist ganz in der Nähe der Skipiste. Übermorgen geht es nach Innsbruck, am nächsten Samstag wieder nach Hause. Ich hoffe, es geht euch gut.

Es grüßt dich ganz herzlich
Deine Michelle

Aufgabe 6
Seite 17

(eigene Adresse
oder Name der Klasse/Schuladresse) (Datum)

(Adresse des Sportvereins)

Bitte um finanzielle Hilfe (Bälle, Materialien)

Sehr geehrte Damen und Herren,

für unsere Sportfest am … brauchen wir dringend noch … Könnten Sie uns bitte dabei unterstützen? Vielleicht wäre es Ihnen möglich uns … zur Verfügung zu stellen. Vielen Dank für Ihre Hilfe!

Mit freundlichen Grüßen
(Unterschrift)

Aufgabe 7
Seite 17

Hallo Fabian und Carina,

am nächsten Samstag feiere ich meinen Geburtstag.
Das wollen wir an diesem Tag alles machen:
Würstchen grillen, tanzen, lustige Spiele veranstalten

Das könnt Ihr noch mitbringen:
Salate, Spielideen für drinnen und draußen
Das brauchen wir auch noch:
Musik (CDs), einen zweiten CD-Player oder Kassettenrekorder
Es wäre schön, wenn ihr beide kommen würdet.

Es grüßt euch ganz herzlich
Euer Freund Dominik

Aufgabe 8
Seite 18

(eigene Adresse) (Datum)

An das
Fremdenverkehrsamt Kaiserslautern
(Adresse einfügen)

Informationen über Ihre Stadt

Sehr geehrte Damen und Herren,

vom 14. bis zum 17. Juni plant unsere Klasse eine Klassenfahrt nach Kaiserslautern. Wir übernachten in der Jugendherberge und würden gern ein paar Informationen bekommen. Zum Beispiel interessiert uns, welche Sehenswürdigkeiten es in Ihrer Stadt gibt, welche Möglichkeiten es gibt für Shopping, Sport und Freizeit. Senden Sie uns bitte einige Prospekte und einen Stadtplan zu. Vielen Dank!

Mit freundlichen Grüßen
(Unterschrift)

Aufgabe 9
Seite 18

Der Schreiber will
auf etwas aufmerksam machen, über etwas informieren, zu etwas einladen.

Folgendes würde ich ergänzen:
Die Teilnehmer müssen wissen, bei wem sie wegen der Kosten nachfragen können und wo sie das Anmeldeformular bekommen.

Aufgabe 10
Seite 19

Diese Informationen hat die Lehrerin bekommen:
Es gab einen Streit. Jemand ist verletzt. Der Verletzte hat Schmerzen und eine Wunde, die blutet.

Diese Fragen muss sie noch stellen, damit sie handeln kann:
Wo und wann ist das Ganze passiert?
Wie schlimm ist die Verletzung?
Muss ein Notarzt alarmiert werden oder sogar die Polizei?
Um welche Verletzung handelt es sich?
Diese Fragen sind später auch noch wichtig:
Wer ist verletzt?
Wer war an dem Streit beteiligt?
Wie kam es zu dem Vorfall?

Aufgabe 11
Seite 19

Folgendes ist vorgefallen:
Ergebnis, je nach ausgedachtem Vorfall. Beispiel:
Vorhin in der zweiten großen Pause auf dem großen Schulhof ist ein Junge aus der Klasse 8 d (Namen nennen, falls bekannt) beim Ballspielen ausgerutscht und hingefallen. Beim Hinfallen ist sein Fuß umgeknickt und er klagt über Schmerzen. Er kann den Fuß nicht mehr bewegen.

Aufgabe 12
Seite 20

(eigene Adresse) (Datum)

Firma Scholl
Kleiststraße 7
Hannover

Reklamation

Sehr geehrte Damen und Herren,

am 05.07. letzen Jahres habe ich bei Ihnen ein Handy der Marke ... gekauft. Seit gestern ist das Handy leider defekt. Es ist nicht mehr möglich zu telefonieren, obwohl der Akku aufgeladen ist.

(Unterschrift)

Check

Seite 21–22

Aufgabe 1
Seite 21

Name mit Adresse	Datum	Betreffzeile
Anrede	Grußformel	Unterschrift

Aufgabe 2
Seite 21

Wann? Wo?

Aufgabe 3
Seite 21

Hallo Walter, Hi Christine,

nach eurem letzten Brief habe ich lange nichts mehr von euch gehört. Euren Vater habe ich aber kürzlich getroffen. Er sagte mir, dass ihr vorhabt mich bald zu besuchen. Ich würde mich sehr darüber freuen.

Liebe Grüße von eurem Michael

Aufgabe 4
Seite 21

Es kommt darauf an, dass die Sätze klar verständlich sind, möglichst genau beschrieben wird und treffende Wörter (Nomen, Adjektive, Verben) verwendet werden.

Aufgabe 5
Seite 21

Beispiel: bei Einladungen zu Festen

Aufgabe 6
Seite 21

- [x] Ein offizieller Brief enthält eine Betreffzeile.
- [x] Nach der Anrede steht ein Komma.

Aufgabe 7
Seite 22

Die Grußformel für den offiziellen Brief lautet:
Mit freundlichen Grüßen

Grußformel für den persönlichen Brief:
Ganz liebe Grüße/Es grüßt dich ganz herzlich

Aufgabe 8
Seite 22

jemanden über etwas informieren
sich bei jemandem für etwas entschuldigen
sich bei jemandem nach etwas erkundigen

Lösungen 2 Wegbeschreibung

Kurs

Seite 25–31

Aufgabe 1
Seite 25

Vorschlag:
Mein Freund wohnt im Nachbarort/in einem anderen Stadtteil. Dazu laufe ich zunächst bis zur Bushaltestelle in der …straße. Dann fahre ich mit dem Bus, und zwar mit der Linie … Richtung … An der Haltestelle … steige ich schließlich aus. Dort überquere ich die Straße, gehe nach links in die …straße, biege rechts ab in die …straße und komme am Sportplatz vorbei. An der nächsten Ampel gehe ich nach links in die …straße. Mein Freund wohnt im vierten Haus auf der rechten Seite.

Aufgabe 2
Seite 25

Ich finde mit der Wegbeschreibung B leichter als Ziel, weil die Straßennamen genau angegeben sind und Richtungsangaben beschrieben werden. Markante Punkte wie Kreuzungen werden genannt.

Die andere Wegbeschreibung hat den Nachteil, dass keine Straßennamen und bei der Hauptstraße keine Richtungsangaben erwähnt werden. So gibt es zu viele Missverständnisse und man kann sich verlaufen.

Aufgabe 3
Seite 26

	man	Sie	du	ihr
gehen	geht	gehen	*gehst*	geht
sehen	sieht	sehen	siehst	*seht*
halten	hält	halten	hältst	haltet
abbiegen	biegt ab	biegen ab	biegst ab	biegt ab
fahren	fährt	fahren	fährst	fahrt

Aufgabe 4
Seite 26

Wo?	Wohin?
auf dem Parkplatz	*zum Parkplatz*
an der Unterführung	durch die Unterführung
an der Kreuzung	bis zur Kreuzung
an der Bushaltestelle	(bis) zur Bushaltestelle
neben der Kirche	in die Kirche
hinter dem Sportplatz	auf den Sportplatz
vor der Schule	zur Schule
auf dem Hügel	auf den Hügel
an der Ecke	um die Ecke

Lösungen

2 Wegbeschreibung

Aufgabe 5
Seite 26/27

Skizze:

Aufgabe 6
Seite 27

Kurz hinter/nach der Biegung zweigt eine Straße rechts/links ab. Da es eine Einbahnstraße ist, müssen Sie die nächste Straße nehmen. Sie fahren dann bis zur zweiten Ampel. An der Ecke biegen Sie halb rechts/links ab und sehen nach etwa 50/100/200 Metern eine große Eiche. Direkt neben der Eiche ist ein Hinweisschild. Links von dem Schild sehen Sie eine kleine Gasse, in die Sie reingehen. Sie führt erst an einer Bäckerei vorbei. Gegenüber/rechts/links von der Bäckerei ist das Haus, das Sie suchen.

Aufgabe 7
Seite 27

die Baustelle	umfahren
am Flussufer	entlanggehen
am Bahnhof	vorbeigehen
zur Kirche	vorausgehen
die Brücke	überqueren
die Treppe	hochsteigen/hinaufsteigen
durch den Park	weitergehen
die Stufen	hinaufsteigen/hochsteigen

Aufgabe 8
Seite 28

a) Ich überquere die Waldstraße und gehe geradeaus in die Gartenstraße. Dann komme ich an eine Kreuzung, gehe weiter geradeaus und folge der Gartenstraße. An der Arztpraxis gehe ich nach links in die Hollerstraße. Am Ende dieser Straße ist der Bolzplatz auf der rechten Seite zu sehen.

b) Ich überquere die Waldstraße und gehe geradeaus in die Gartenstraße. Dann komme ich an eine Kreuzung, gehe weiter geradeaus und folge der Gartenstraße. An der Arztpraxis biege ich halb rechts ab. An der Apotheke gehe ich links in die Hochstraße. Dann biege ich rechts ab in die Niedergasse. Den Alten Friedhof finde ich dann auf der linken Seite.

c) Ich gehe die Waldstraße nach rechts hinunter und biege nach links auf die Hauptstraße, die Provinzialstraße, ab. Ich gehe immer geradeaus, bis ich rechts die Abzweigung in die Genheimer Straße sehe. Kurz hinter dieser Abzweigung, auf derselben Straßenseite, befindet sich der Dorfplatz.

Lösungen 2 Wegbeschreibung

Aufgabe 9
Seite 29

hinter die Halle
Antwort auf die Frage wohin?

hinter dem Schuppen
Antwort auf die Frage wo?

neben der Garage
Antwort auf die Frage wo?

vor die Garage
Antwort auf die Frage wohin?

zwischen den Regalen
Antwort auf die Frage wo?

zwischen die Mülltonnen
Antwort auf die Frage wohin?

Aufgabe 10
Seite 29

Stellt euch an der Linie auf!	wo?
Sie begeben sich zur Linie.	wohin?
Die Klasse ist nächste Woche in Berlin.	wo?
Die Klasse fährt ins Theater.	wohin?
Die Spieler sind auf dem Platz.	wo?
Geht schon mal auf den Platz!	wohin?
Sie läuft im nahe gelegenen Wald.	wo?
Er geht ins Hallenbad.	wohin?

Aufgabe 11
Seite 30/31

Beschreibe die Verkehrszeichen:

a) hellblauer Kreis, darauf zwei weiße Figuren, Mutter mit Kind an der Hand
b) gehende Figur, schwarz, auf weißem Kreis, äußerer Kreis mit breiter roter Umrandung
c) weißes Quadrat, abgerundete Ecken, mit dicker schwarzer Linie umrandet, darin ein leuchtend grüner Kreis mit einem großen Buchstaben H, um den Buchstaben innerhalb des grünen Kreises noch ein gelber Kreis
d) Dreieck mit gleichen Seitenlängen, Spitze des Dreiecks zeigt nach oben, im weißen Feld ein sich aus einer leichten Kurve nähernder schwarzer Zug auf Gleisen
e) weißer Kreis mit breiter roter Umrandung, im weißen Innenkreis ist in schwarzer Farbe und in vereinfachter Form ein Herrenfahrrad in Seitenansicht abgebildet, Speichen und Pedale sind weggelassen worden
f) dasselbe Fahrrad wie in e), allerdings in weiß, in hellblauem Kreis
g) blaues Quadrat mit abgerundeten Ecken, innen ein weißes Dreieck mit einer schwarzen Figur, die über einen Zebrastreifen geht
h) blaues Rechteck im Querformat, in weißer Farbe sind darauf ein Haus, eine Straße, ein Auto und ein Erwachsener, der mit einem Kind Ball spielt, abgebildet
i) blaues Quadrat mit abgerundeten Ecken, innen ein weißes Quadrat, auf dem in der Mitte der Kleinbuchstabe i als schwarzer breiter Druckbuchstabe sehr groß abgebildet ist, mit auffällig großem i-Punkt
j) weißes Rechteck im Querformat, mit abgerundeten Ecken und schwarzer Umrandung, in der linken Hälfte des Rechtecks ist ein Inlineskater abgebildet, in der Mitte der rechten Hälfte des Rechtecks steht in schwarzen Druckbuchstaben das Wort „frei"

Was fällt dir an der Darstellung der Personen auf?
Die Personen sind vereinfacht dargestellt, mit geometrischen Formen, dicken Linien, Strichen und Kreisen. Sie sind entweder weiß oder schwarz, es fehlen Details wie Hände, Füße und Gesicht. Man erkennt nur, ob eine Figur steht, geht oder in welche Richtung sie sich bewegt.

Woran erkennst du, ob es ein Mann, eine Frau oder ein Kind ist?
Ein Kind ist nur daran zu erkennen, dass die Figur kleiner dargestellt ist als eine Figur, die einen Erwachsenen zeigt.
Eine Frau ist daran zu kennen, dass die Figur einen Rock trägt wie in Abbildung a).

Warum sind die Figuren so dargestellt?
Damit jeder Verkehrszeichen eindeutig verstehen kann, reicht es aus, die Figuren so darzustellen. Denn es kommt für Fußgänger meistens darauf an, ob sie stehen bleiben und warten müssen oder weitergehen können. Genau das kann man den Figuren auf den Verkehrszeichen ansehen.

Welche Bedeutung haben die Verkehrszeichen im Straßenverkehr?
a) Gehweg
b) Verbot für Fußgänger
c) Haltestelle für Linien- und Schulbusse
d) Achtung, unbeschrankter Bahnübergang!
e) Verbot für Radfahrer
f) Radweg
g) Fußgängerüberweg
h) Spielstraße (Beginn)
i) Touristinformation oder Auskunftsstelle
j) Inlineskater dürfen hier fahren

Welche Verkehrszeichen sind sofort verständlich?
a, f, g, j

Welche Verkehrszeichen kannst du auf keinen Fall verstehen, wenn du ihre Bedeutung nicht schon vorher kennst?
Auf keinen Fall zu verstehen sind die Verkehrszeichen c und i, wenn man ihre Bedeutung nicht gelernt hat.

Wie wird auf den Schildern dargestellt, wenn etwas erlaubt ist?
Die abgebildeten Gegenstände oder Figuren sind weiß auf hellblauem Hintergrund.

Woran erkennst du, wenn etwas verboten ist?
weißer Kreis mit dickem rotem Rand

Training

Seite 32 – 37

Aufgabe 1
Seite 32

Überarbeiteter Text:
Von seiner Wohnung in der Dresdener Straße geht Simon mit seinen beiden Freunden Florian und Martin ins Kino in der Kreuzstraße. Sie treffen anschließend noch Lisa im Café am Bahnhofsplatz. Lisa konnte leider nicht mit ins Kino kommen, denn sie war mit ihrer Mutter im Kaufhaus an der Ecke (zur) Südallee einkaufen. Die Freunde unterhalten sich über die nächsten gemeinsamen Ferien in Holland an der Küste. Von dort wollen sie noch einen Abstecher nach Amsterdam machen. Ein Besuch im Van-Gogh-Museum steht auch auf dem Programm. Um sich Geld für die Ferien zu verdienen, kellnert Lisa in einer Pizzeria, Simon arbeitet aushilfsweise in einer Apotheke im Zentrum. Florian und Martin haben einen Job gegenüber vom Kino im Büro ihres Vaters.

Aufgabe 2
Seite 33

- [x] In der Nähe eines Freizeitheims ist ein Musikgeschäft.
- [x] Alle Kindergärten liegen in der Nähe einer Schule.
- [x] Es gibt genauso viele Pizzerien wie Spielplätze.
- [x] Am Türmersturm halten keine Busse.

Aufgabe 3
Seite 34

Plan des Stadtparks:

Aufgabe 4
Seite 35/36

a

Beschreibung des Rundweges der Schillingstraße:

an der Straße Gänsbühl Richtung Obertorturm gehen, nach links gehen und den Bach überqueren, der Schillingstraße folgen, am Kindergarten rechts abbiegen und wieder den Bach überqueren, an der Oststraße links gehen, vorbei am Prälatenturm der Straße am Bach entlang folgen, am Spielplatz vorbeigehen, dann nach rechts in die B.-v.-Nursia-Straße gehen, an der Klostermühle macht sie eine Rechtskurve, dann an der Schule wieder eine Linkskurve, danach über die Kreuzung geradeaus gehen bis zu einem Platz, rechts ist wieder der Schwedenturm zu sehen

b

Kirche, Freibad, Tennisplatz, Bikerpark, Jugendherberge, Tiergehege

Aufgabe 5
Seite 36/37

a

a) Spielstraße
b) Sackgasse
c) Vorfahrtsstraße
d) Fußgängertreppe
e) Fuß- und Radweg
f) Durchfahrt verboten
g) Fahrzeug anhalten
h) Krötenwanderung

b

Welche Beschreibungen enthalten Fehler?

schwarze Kröte auf weißem Quadrat
Verbesserung: Rechteck

weißer Kreis mit roter Umrandung
Verbesserung: nicht erforderlich

hellblaues Quadrat mit spitzen Ecken, großes weißes T in der Mitte, mit rotem Querbalken
Verbesserung: mit abgerundeten Ecken

hellblaues Quadrat mit weißer Figur, Treppe mit vier Stufen, Figur steigt die Treppe hinauf
Verbesserung: Treppe mit sechs Stufen, Figur steigt die Treppe hinab

Sechseckiges rotes Verkehrszeichen mit weißer Umrandung, in der Mitte das Wort STOP in weißen Kleinbuchstaben
Verbesserung: achteckiges Verkehrszeichen, STOP in weißen Großbuchstaben

Check

Seite 38–39

Aufgabe 1
Seite 38

Als Erkennungspunkte bei einer Wegbeschreibung können
Brunnen, Bäume, Brücken, Ampeln, Geschäfte oder Kreuzungen hilfreich sein. (Vorschlag)

Aufgabe 2
Seite 38

passende Adjektive bei Gebäuden:
niedrig, hoch, alt (Vorschlag)

passende Adjektive bei Straßen und Plätzen:
eng, breit, steil, groß, klein (Vorschlag)

Aufgabe 3
Seite 38

am Ufer entlanggehen
durch den Tunnel fahren
die Brücke überqueren
den Turm hinaufsteigen
um die Ecke biegen

Aufgabe 4
Seite 38

rechts um die Ecke gehen	rechts abbiegen
sich nirgends zurechtfinden	fremd sein, sich verlaufen
mit der Ungebung vertraut sein	sich gut auskennen

Aufgabe 5
Seite 38

Dort, wo der Fluss eine Kurve (→ eine Biegung) macht, fährst du über der (→ die) Brücke bis zu (→ zur) Kreuzung. An der Ampel biegst du links geradeaus (→ ab).

Aufgabe 6
Seite 38

den Weg genau beschreiben (Straßen, Plätze mit Namen nennen)
richtige Reihenfolge einhalten
Richtungsangaben beachten

Aufgabe 7
Seite 39

Die Beschreibung enthält folgende Fehler:
bis zu der anderen Straße – Der Straßenname fehlt.
biegen Sie vor der Kirche ab – Welche der beiden Kirchen ist gemeint?
meistens – Muss man zwischendurch noch einmal abbiegen?
irgendwo – Wo genau?

Der letzte Abschnitt enthält Informationen, die demjenigen, der an einer Wegbeschreibung interessiert ist, nicht weiterhelfen.

Lösungen 3 Vorgangsbeschreibung

Kurs

Seite 41–46

Aufgabe 1
Seite 41

Ich brauche: einen Becher, eine Zahnbürste, eine Tube Zahnpasta, ein Waschbecken

Ich gehe ins Bad zum Waschbecken und stelle mich davor. Dann nehme ich aus dem Zahnputzbecher meine Zahnbürste und die Zahnpastatube. Den Becher fülle ich mit lauwarmem Wasser. Jetzt schraube ich die Tube auf und drücke einen Streifen Zahnpasta heraus auf die Zahnbürste. Danach führe ich die Bürste in meinen Mund, drücke die Borsten in kreisenden Bewegungen an meine Zähne und putze sie. Zum Ausspülen benutze ich schließlich den Becher mit dem Wasser.

Aufgabe 2
Seite 41

Man nimmt ein Lexikon zur Hand. Dann schlägt man es auf und sucht erst nach dem Anfangsbuchstaben des Wortes. Jeweils an den Außenrändern der Seiten sind die einzelnen Buchstaben des Alphabets farbig gedruckt, damit man den gesuchten Anfangsbuchstaben schneller findet. Wenn man das Wort „Musik" finden will, schlägt man unter M nach. Dann blättert man weiter, achtet auf die alphabetische Reihenfolge beim zweiten, beim dritten, vierten Buchstaben usw. Wenn ich bei „Mus" angelangt bin, habe ich das Wort bald gefunden.

Aufgabe 3
Seite 41

Ich räume erst meinen Schreibtisch auf. Die Hefte stapele ich übereinander oder lege sie in die Schublade. Dann stelle ich die umherliegenden Bücher ins Regal. Herumliegende Kleidungsstücke lege ich in den Wäschekorb, Spielsachen räume ich ins Regal.

Aufgabe 4
Seite 42/43

a) Der Vorgang, der hier dargestellt wird, heißt sägen.

b)

A benötigte Materialien:
Brett, Säge (Fuchsschwanz), Unterlage, auf der das Brett aufliegt

Beschreibung des dargestellten Vorgangs:
Ein Mann sägt mit einem Fuchsschwanz ein Brett der Länge nach durch. Er steht, das Brett hat er zwischen die Beine geklemmt, seinen Oberkörper hält er nach vorn gebeugt. Er greift die Säge beim Sägen mit beiden Händen. Ein zweiter Mann hockt an der anderen Seite des Brettes und hält es fest.

B benötigte Materialien:
Brett, Säge (Handsäge)

Beschreibung des dargestellten Vorgangs:
Ein Brett wurde auf einen Stapel gelegt, so dass es zur Hälfte übersteht. Ein Mann hat sich dort auf das Brett gestellt, wo es aufliegt. Ein zweiter Mann hockt in gebückter Haltung neben dem Stapel und sägt mit einer Handsäge das Brett der Breite nach durch. Dabei hält er es mit der linken Hand an der Seite fest, mit der rechten Hand führt er die Säge.

C benötigte Materialien:
Motorsäge, Ohrenschützer, Helm, Arbeitshandschuhe, Schutzbrille

Beschreibung des dargestellten Vorgangs:
Ein Mann ist dabei, einen Holzstamm mit einer Motorsäge durchzusägen, der nach rechts ein Stück hinausragt. Der Mann steht seitlich neben dem Stamm. Er trägt Schutzkleidung. Der Oberkörper ist leicht nach vorn gebeugt. Die Säge hält er beidhändig.

c) Unterschiede in den Vorgängen:
Unterschiede bestehen in der Form des Materials (Brett, Holzstamm), im Werkzeug (Fuchsschwanz, Handsäge, Motorsäge) und in der Handhaltung (beidhändiges bzw. einhändiges Sägen).

A Das Brett wird der Länge nach durchgesägt. Der Mann hält die Säge mit beiden Händen. Es ist ein Fuchsschwanz.
B Das Brett wird der Breite nach durchgesägt. Der Mann hält die Säge mit einer Hand. Es ist eine Handsäge.
C Ein Holzstamm wird der Breite nach durchgesägt. Der Mann greift die Säge mit beiden Händen. Es ist eine Motorsäge.

Aufgabe 5
Seite 44

Zuerst schraubt man den Füller auf. Dann zieht man die leere Schreibpatrone heraus. Danach setzt man die neue Patrone ein und drückt sie kurz an. Schließlich schiebt man noch eine Ersatzpatrone in den oberen Teil des Füllers ein. Zum Schluss schraubt man den Füller wieder zu.

Aufgabe 6
Seite 44

Materialliste: benutztes Besteck, Geschirr, schmutzige Töpfe, Spülmaschinentab

Beschreibung des Vorgangs:
Zuerst mache ich die Tür der Geschirrspülmaschine auf. Dann räume ich die Löffel, Messer und Gabeln in den Besteckkasten. Danach stelle ich die Tassen und Untertassen in den oberen Korb, schließlich räume ich große Teller und Töpfe in den unteren Korb ein. Anschließend lege ich einen Spülmaschinentab in den dafür vorgesehenen Behälter hinein und klappe den Deckel zu. Zum Schluss schließe ich die Tür der Maschine, stelle mit dem Drehknopf.das Spülprogramm ein und starte den Spülvorgang durch Drücken der Ein-Taste.

Aufgabe 7
Seite 44

Als Erstes fülle ich die Glaskanne der Kaffeemaschine voll mit frischem Wasser.
Danach gieße ich das Wasser in den Frischwasserbehälter.

Dann stelle ich die leere Glaskanne auf die Warmhalteplatte der Maschine.

Danach schwenke ich den Filterbehälter der Maschine nach vorn.

Anschließend setze ich eine Filtertüte in den Filterbehälter ein.
Nun gebe ich mit einem Messbecher eine ausreichende Menge Kaffeepulver hinein.

Jetzt klappe ich den Filterbehälter wieder zurück und schalte die Maschine ein.

Aufgabe 8
Seite 45

befestigen, klopfen, rücken, halten, ~~schleifen~~, drehen,
kippen, schlagen, dübeln, bohren, ~~hobeln~~, ~~werfen~~

Aufgabe 9
Seite 45

8 Sobald der Grasauffangkorb voll ist, den Rasenmäher ausschalten und den Grasauffangkorb herausnehmen
2 ein langes Stromkabel nehmen
11 den Rasenmäher wieder einschalten, das Mähen fortsetzen
9 das gemähte Gras auf den Komposthaufen oder in die Biotonne kippen
3 ein Ende des Stromkabels am Rasenmäher anschließen
5 den Grasauffangkorb am Rasenmäher befestigen
10 den Korb wieder einsetzen
13 den Rasenmäher vom Gras säubern
1 den Rasenmäher aus dem Gartenhaus holen
7 den Rasen gleichmäßig mähen
4 das andere Ende des Kabels in die Steckdose stecken
14 den Rasenmäher ins Gartenhaus zurückstellen
12 nach dem Mähen den Stecker ziehen und das Stromkabel zusammenrollen
6 den Rasenmäher auf den Rasen fahren und einschalten

Du holst den Rasenmäher aus dem Gartenhaus. Dann nimmst du ein langes Stromkabel. Ein Ende des Stromkabels schließt du am Rasenmäher an. Das andere Ende des Kabels steckst du in die Steckdose. Dann befestigst du den Grasauffangkorb am Rasenmäher. Danach fährst du den Rasenmäher auf den Rasen und schaltest ihn ein. Jetzt mähst du den Rasen gleichmäßig. Sobald der Grasauffangkorb voll ist, schaltest du den Rasenmäher aus und nimmst den Grasauffangkorb heraus. Dann kippst du das gemähte Gras auf den Komposthaufen oder in die Biotonne. Danach setzt du den Korb wieder ein. Nun schaltest du den Rasenmäher wieder ein und setzt das Mähen fort. Nach dem Mähen ziehst du den Stecker und rollst das Stromkabel zusammen. Schließlich säuberst du den Rasenmäher vom Gras. Zum Schluss stellst du den Rasenmäher ins Gartenhaus zurück.

Aufgabe 10
Seite 46

Unsere Durchführung des Versuchs:

a) Über einem Waschbecken füllen wir Wasser ein.
b) Wir tun eine Postkarte auf das mit Wasser gefüllte Trinkglas.
c) Wir drehen das Trinkglas über dem Becken um und halten dabei den Brief gegen das Glas gedrückt.
d) Wir lassen die Postkarte los.

Diese Sätze würde ich anders formulieren:

(a) Über einem Waschbecken füllen wir Wasser in ein Trinkglas ein.
(b) Wir legen eine Postkarte auf das mit Wasser gefüllte Trinkglas.
(c) Wir drehen das Glas mit dem Wasser über dem Becken um und halten dabei die Postkarte gegen das Glas gedrückt.

Training

Seite 47–51

Aufgabe 1
Seite 47

Wenn ich eine Seite aus meinem Buch kopiere, benutze ich den Kopierer der Schule. Er ist oft defekt, weil er einfach nichts taugt. Zumindest sagen das viele, weil er selten sauber druckt. Na ja, also ich schalte den Kopierer ein und warte, bis er betriebsbereit ist. Das sind bestimmt drei Minuten, und so viel Zeit habe ich nicht. Dann öffne ich den Deckel und lege das aufgeklappte Buch mit dem Text nach unten auf die Glasscheibe. Sie ist immer so verschmiert, das ist lästig. Bei einem DIN A4-Format lege ich die Buchseite, die ich kopieren will, auf der linken Seite an. Jetzt klappe ich den Deckel wieder zu und drücke auf die grüne Start-Taste. Bei unserem Kopierer ist sie so verkratzt, dass man gar nicht mehr erkennt, ob sie grün ist. Zum Schluss hoffe ich, dass ich eine gute Kopie von meiner Seite bekomme.

Aufgabe 2
Seite 47

Abb. 1 Ein paar Wolken ziehen am blauen Himmel vorbei. Menschen genießen im Park die Sonne.
Abb. 2 Der Himmel verdunkelt sich, die Bewölkung nimmt zu.
Hinten ziehen viele dunkle Wolken auf.
Abb. 3 Ein Blitz zuckt in einer senkrechten, leicht gebogenen Linie am Himmel.
Abb. 4 Ein Blitz schlägt fast schräg in einen Baum ein. Der Baum fängt Feuer.

Aufgabe 3
Seite 48

Zwischenergebnis anhand dieser Beschreibung:
1 grün 2 weiß 3 gelb 4 rot 5 blau

Zwischenergebnis anhand dieser Beschreibung:
1 rot 2 schwarz 3 blau 4 gelb 5 grün 6 braun (ausgeschieden: weiß)

Aufgabe 4
Seite 49

Bild 1:
Der Skater zieht die Inlineskates und die Schutzkleidung an, stellt sich aufrecht hin und winkelt die Arme an.

Bild 2:
Er lässt sich auf die Knie fallen. Der Oberkörper ist nach vorn gebeugt, die Arme sind angewinkelt, die Handflächen zeigen nach vorn und die Kopfhaltung ist gerade.

Bild 3:
Er lässt sich nun auf die Ellbogen fallen, danach auf die Handgelenke. Die Handflächen bleiben dabei geöffnet und zeigen nach vorn.

Aufgabe 5
Seite 50

Es ist kurz vor 20.00 Uhr, da alle Supermärkte dann schließen. [X] weiß man nicht
Der Täter war bewaffnet. [X] weiß man nicht
Der Täter ist Linkshänder. [X] weiß man nicht
Die Kassiererin sortiert das Kleingeld später. [X] wahr
Der Täter füllt das erbeutete Geld in seine Sporttasche. [X] weiß man nicht
Der Täter flüchtet zunächst in Richtung Tankstelle. [X] wahr
Der Fahrer des roten Fluchtautos ist ein Mann. [X] falsch
Täter und Komplizin fahren die Autobahn in Richtung Norden. [X] weiß man nicht

---

Aufgabe 6
Seite 51

B Du nimmst nur einen Streifen und schneidest ihn wieder der Länge nach in der Mitte durch.
Nur einer der beiden Streifen wird genommen und der Länge nach durchgeschnitten.

C Du trägst auf jedes Streifenende Kleber mit einem Klebestift auf.
Auf jedes Streifenende wird Kleber mit einem Klebestift aufgetragen.

D Du formst jeden Streifen zu einem Ring und fügst ihn an der Klebestelle zusammen.
Jeder Streifen wird zu einem Ring geformt und an der Klebestelle zusammengefügt.

E Du legst die beiden Papierringe nebeneinander.
Beide Papierringe werden nebeneinandergelegt.

G Du schneidest den rechten Papierring mit einer Schere in Längsrichtung in der Mitte auseinander.
Der rechte Papierring wird mit einer Schere in Längsrichtung in der Mitte auseinandergeschnitten.

H Du rollst das Ganze auseinander und schneidest den langen Streifen in der Mitte längs durch.
Das Ganze wird auseinandergerollt und der lange Streifen in der Mitte längs durchgeschnitten.

Check

Seite 52–53

Aufgabe 1
Seite 52

Zaubertrick, Pflanzanleitung, Spielszene (Vorschlag)

Aufgabe 2
Seite 52

Bei der Beschreibung von Vorgängen, die sich wiederholen, ist die Zeitform das Präsens.

Aufgabe 3
Seite 52

Ein Vorgang besteht aus mehreren Schritten.
Es ist wichtig, die richtige Reihenfolge einzuhalten.
Gefühle, Meinungen, Wünsche gehören nicht in eine Vorgangsbeschreibung. Die Sprache ist sachlich.

Aufgabe 4
Seite 52

ziehen, zuknöpfen, aufknöpfen, wischen, hineinstecken, fegen, zurechtlegen, schütteln, umdrehen, beziehen, herausnehmen, stecken, drücken, rieseln, festhalten, stopfen, glätten, bohren

---

Aufgabe 5
Seite 52

Passiv: Der Deckel wird angehoben.
Aktiv: *Du* hebst den Deckel an.
Passiv: Das Gefäß wird untergetaucht.
Aktiv: *Ihr* taucht das Gefäß unter.

Aufgabe 6
Seite 52

Schieb den Vorhang zur Seite!	den Vorhang zur Seite schieben
Ihr trennt das Seil durch.	das Seil durchtrennen
Sie knickt das untere Ende ab.	das untere Ende abknicken

Aufgabe 7
Seite 53

a) Eine große Wasserschüssel aus Glas füllen, etwa halbvoll
b) Das Gehäuse eines Teelichts legt man mit Watte aus.
c) Dort hinein setzt man zwei bis drei Gummibärchen.
d) Das Gehäuse mit den Gummibärchen setzt man behutsam auf das Wasser in der Schüssel.
e) Man nimmt ein Trinkglas, hält es mit der Öffnung nach unten.
f) Dann tut man es über das Gehäuse mit den Gummibärchen.
g) Jetzt schiebt man das Glas unter Wasser.

Wenn man alles richtig macht, bleiben die Gummibärchen trocken. Denn die Luft im Glas kann so nicht entweichen.

Nicht treffend formuliert sind a), f) und g).

Verbesserung:
(a) eine große Glasschüssel mit Wasser füllen
(f) Dann stülpt man es …
(g) Jetzt drückt man das Glas unter Wasser.

Kurs

Seite 55–58

Aufgabe 1
Seite 55

Bei dem Fundstück handelt es sich um
eine grüne gefütterte Winterjacke mit Kapuze, zwei Brusttaschen und einem Reißverschluss. Sie ist winddicht und wasserabweisend. Sie hat ein graues Innenfutter, das man herausnehmen kann.

Aufgabe 2
Seite 55

Adjektive zur Beschreibung der Form:
spitz, rund, eckig, eiförmig, kugelförmig, quadratisch, rechteckig …

Aufgabe 3
Seite 55

Blumen	welk, frisch
Tanne	schief, hoch
Maus	flink, grau
Asphalt	~~behäbig~~, löchrig
Buch	~~oval~~, neu
Schale	quadratisch, gläsern
Stange	krumm, hölzern
Zitrone	schimmelig, alt
Metall	rissig, rostig
Glas	~~rostig~~, milchig

Aufgabe 4
Seite 55

Gegenstandsmerkmale:

Form	oval, kantig
Oberfläche	rau, weich, matt, uneben
Material	hölzern
Farbe	blau, silberfarben

Aufgabe 5
Seite 56

quaderförmig	Flaschenhals
pyramidenartig	Serviette
eiförmig	Streichholzschachtel
zylindrisch	Tropfen
kegelförmig	DIN-A4-Blatt
rechteckig	Bleistiftspitze
quadratisch	Kirchturmspitze

(Verbindungslinien: quaderförmig – Streichholzschachtel; pyramidenartig – Kirchturmspitze; eiförmig – Tropfen; zylindrisch – Bleistiftspitze; kegelförmig – Flaschenhals; rechteckig – DIN-A4-Blatt; quadratisch – Serviette)

Aufgabe 6
Seite 56

Hierzu werden keine Angaben gemacht:
Farbe, Form, Marke

Aufgabe 7
Seite 56

Abb. 1:
Die Gießkanne ist weiß mit roten Punkten. Sie hat zwei Griffe, einen oben und einen an der Seite. Das Ausgussrohr ist mit einem Stab an der Kanne verbunden.

Abb. 2:
Die Gießkanne ist aus Kunststoff und grün. Der Griff ist oben waagerecht und an der Seite halbkreisförmig. Das Ausgussrohr läuft vorn spitz zu.

Abb. 3:
Die Gießkanne hat eine zylindrische Form und ist hellblau. Der obere Griff ist an den Seiten verschraubt und verstellbar. An der Seite befindet sich ein weiterer, halbkreisförmig gebogener Griff. Der Ausguss sieht aus wie ein Trichter. Auf der Kanne ist in der Mitte eine große Libelle in den Farben gelb und schwarz aufgedruckt.

Aufgabe 8
Seite 57

(2) Sie ist aus schwarzem Rindsleder und hat silberfarbene Verschlüsse.
(6) Die Tasche eignet sich besonders als Schultasche.
(5) Der Stauraum im Inneren der Tasche ist in drei Teile unterteilt.
(3) Der Herstellername ist auf der Vorderseite oben zu sehen.
(4) Die Tasche hat einen stabilen Tragegriff.
(1) Bei dem Gegenstand handelt es sich um eine Tasche.

Weitere Merkmale der Tasche:
An den Seiten ist ein verstellbarer Trageriemen befestigt.
Auf der Rückseite ist ein Reißverschluss angebracht.

Aufgabe 9
Seite 57

Art	Haustür
Material	Holz, Metall, Glas
Farbe	(überwiegend) weiß, (etwas) rot
Oberfläche	lackiert
Besonderheiten	viereckiger Türknauf, rundes Glasfenster

Aufgabe 10
Seite 58

Die beiden Flugzeuge unterscheiden sich in folgenden Punkten:
- In Abb. 2 läuft der vordere Teil des Flugzeugs spitzer zu (Cockpit dadurch weiter hinten),
- in Abb. 1 Düsentriebwerk, in Abb. 2 Propellermaschine mit je einem Propeller an den Tragflächen,
- hinterer Teil des Flugzeugs ist jeweils unterschiedlich (in Abb. 2 ähnlich wie eine Walflosse), in Abb. 1 breitere kleine Tragflächen im hinteren Teil (wesentlich breiter als in Abb. 1),
- Fahrwerk in Abb. 1 mit fünf, in Abb. 2 mit zwei Rädern (bedingt durch unterschiedliche tatsächliche Größe der Flugzeuge, Flugzeug in Abb. 1 hat auch höheres Gewicht),
- Flugzeug in Abb. 2 hat weniger Platz für Passagiere, hat weniger Luken,
- Namen der aufgedruckten Fluggesellschaft unterscheiden sich.

Aufgabe 11
Seite 58

Reihenhaus, Hochhaus, Einfamilienhaus
Rennrad, Mountainbike, Tourenrad
Taschenuhr, Armbanduhr, Wecker
Kellertür, Eingangstür, Wohnungstür
Cabrio, Kombi, Limousine

Training

Seite 59–63

Aufgabe 1
Seite 59

Mein Fahrrad ist ein Herrenfahrrad. Mein Vater hat es mir geschenkt. Es hat einen bequemen Sattel und ein rotbraunes Gestell mit einem auffälligen Kratzer vorn. Die Schutzbleche sind schwarz lackiert, im Moment aber etwas schmutzig. Vorderleuchte, Schlussleuchte und Rückstrahler haben eine silberne Fassung. Der Rückstrahler ist etwas schief. Bei der Gangschaltung handelt es sich um eine 10-Gang-Schaltung, bei den Rädern um 27-Zoll-Räder. Das Fahrrad ist drei Jahre alt.

Aufgabe 2
Seite 59

Der Schlauch ist mit dem Wasserhahn verbunden.
Auf der Jacke ist vorn der Markenname aufgedruckt.
Die Fotos sind ins Fotoalbum eingeklebt.
Die Kapuze an der Jacke kann mit Hilfe des Reißverschlusses abgetrennt werden.
Beide Seile sind miteinander verknotet.
Das Innenfutter der Jacke kann man leicht herausnehmen.
Die Glühbirne ist in die Fassung hineingeschraubt.

Aufgabe 3
Seite 60

Gemeinsamkeiten:
Sessel, Clubsessel, Seitenlehnen, Polstersitzkissen

Unterschiede:
Unterschiede in der Farbe, in Abb. 2 niedrige, in Abb. 1 hohe und schmalere Füße, Rückenlehnen sind unterschiedlich, in Abb. 1 hat die Rückenlehne die Form eines Halbkreises, unterschiedlich hohe Armlehnen, in Abb. 2 reichen sie bis zur Höhe der Rückenlehne

---

Aufgabe 4
Seite 60

Vorschlag: Das Gehäuse ist rund, das Sichtfeld ist silberfarben umrahmt und innen grauweiß. Die Zeiger sind rot und weiß, es gibt keine Zahlen. Das Armband ist schwarz, aus Leder und hat eine silberfarbene Schnalle. Auf dem Sichtfeld ist ein Kratzer zu erkennen. Es ist eine neuwertige Uhr der Marke …

Aufgabe 5
Seite 61

Bei dem gestohlenen Schmuckstück handelt es sich um …
eine Halskette, die einen Ringverschluss aus Silber hat. Die Kette ist insgesamt 53 cm lang und ist eine Kette aus roten Korallensteinen und grünen Serpentinsteinen. Rote und grüne Steine wechseln sich ab. Im unteren Teil der Kette (wenn man sie trägt), befinden sich drei große rote Steine, dazwischen immer ein grüner. Im übrigen Teil der Kette folgen abwechselnd zwei rote auf einen grünen Stein.

Aufgabe 6
Seite 61

Vorschlag: Meine Lieblingsschuhe sind …
meine dunkelblauen Sandalen. Sie haben eine rutschfeste Sohle aus Kunststoff und ein bequemes Fußbett aus Kork. Die beiden Schnallen vorn sind aus Leder und goldfarben. An der Ferse gibt es keine Schnalle.

Aufgabe 7
Seite 61

Vorschlag: Mein Stifte-Mäppchen …
besteht aus gelbem Kunststoff und hat einen schwarzen Reißverschluss. Auf der Oberseite ist ein Bild von einer lustigen Comicfigur aufgedruckt. Die Innenseite des Mäppchens ist blau. Dort sind fünf Gummischlaufen befestigt, in denen zwei Bleistifte, ein Kugelschreiber und ein Füller hineingesteckt sind.

Aufgabe 8
Seite 62

Der Anhänger ist rund, flach und aus glattem, silbergrau glänzendem Metall. Er ist etwa so groß wie der hintere Teil des Schlüssels. Innen ist ein roter Kreis, in dem roten Kreis ein nach oben leicht gewölbtes Herz, ebenfalls silbergrau und aus Metall.

Aufgabe 9
Seite 62

individuell

Aufgabe 10
Seite 63

Beschreibung 1 passt zu Abb. 3.
Beschreibung 2 passt zu Abb. 1.
Beschreibung 3 passt zu Abb. 2.

Aufgabe 11
Seite 63

Der Kugelschreiber hat am hinteren Ende einen Durchmesser von etwa 1 cm und wird dann nach vorne bis zur Minenspitze schmaler. Der Ring, der in der Mitte um den Kugelschreiber herumläuft, ist aus Metall. Der Trageklipp ist nach oben etwas gewölbt. Eine schwarz schreibende Mine befindet sich im Inneren des Gehäuses. Der Kugelschreiber hat im vorderen Drittel eine rote rutschfeste Ummantelung, damit er beim Schreiben besser in der Hand liegt.

Check

Seite 64–65

Aufgabe 1
Seite 64

Es ist ein Mülleimer (für Papierabfälle).

Zu diesen Merkmalen macht die Beschreibung keine Angaben:
Material Verwendungszweck

Aufgabe 2
Seite 64

teuer

Aufgabe 3
Seite 64

Gegenstände mit zylindrischer Grundform:
Kerze, Zuckerdose, Becher

Gegenstände mit quaderförmiger Grundform:
Keksschachtel, Packung Papiertaschentücher, Streichholzschachtel

---

Aufgabe 4
Seite 64

Form Oberfläche
Material Farbe
weitere: Gewicht, Größe, Art, Marke, Verwendungszweck, besondere Kennzeichen

---

Aufgabe 5
Seite 64

Die Oberfläche eines Gegenstandes kann
rau, glatt, matt oder glänzend sein.

Aufgabe 6
Seite 65

Rückenlehne und Sitzfläche des Stuhls sind aus rosafarbenem Polsterstoff. Der Stoff ist mit roten fünfblättrigen Blumen gemustert. Die Stuhlbeine sind aus hellbraunem Holz, die Verbindung zwischen Lehne und Sitzfläche ebenfalls. Die Sitzfläche ist leicht nach unten abgerundet. Der Stuhl hat keine Armlehnen.

Lösungen

5 Personen- und Tierbeschreibung

Kurs

Seite 67–71

Aufgabe 1
Seite 67

individuell

Aufgabe 2
Seite 67

a) Die Personenbeschreibung ist wenig gelungen, denn ...
es gibt zu viele Wiederholungen (Sie hat ...). Der Text ist nicht gegliedert, eine sinnvolle Reihenfolge fehlt.

b) Personenbeschreibung (mein Text):
Es handelt sich um ein blondes Mädchen. In ihrem Gesicht fallen die braunen Augen, die spitze Nase und der breite Mund auf. Sie ist mit einem gelben T-Shirt, einer schwarzen Hose und braunen Schuhen bekleidet. Außerdem trägt sie eine Brille und ein Armband.

c) Das habe ich anders gemacht:
Ich habe einzelne Merkmale (z. B. Gesicht, Kleidung) jeweils zusammengefasst. Statt kurze Einzelsätze zu benutzen, habe ich Merkmale, die zusammengehören, aufgezählt. Ich habe eine sinnvolle Reihenfolge eingehalten.

Aufgabe 3
Seite 68

Vermisstenanzeige:
Seit gestern wird ein junger, schlanker, etwa 20 bis 30 Jahre alter Mann vermisst. Er hat dunkelbraunes, glattes Haar und ein längliches Gesicht. Seine Ohren stehen unten etwas ab. Er trägt eine dunkelblaue Jeans ohne Gürtel und ein schneeweißes, im Brustbereich farbig bedrucktes T-Shirt.

Die vermisste Person ist die Person in Abb. 1.

Aufgabe 4
Seite 68

- buschig – Augenbrauen
- wulstig – Lippen
- vorspringend – Kinn
- stechend – Augen
- abstehend – Ohren
- hakenförmig – Nase
- breit – Mund

Aufgabe 5
Seite 69

Das erfahre ich über den Charakter:
Er ist nett, höflich, lächelt oft. Es fällt ihm schwer, vor einer Gruppe zu sprechen.

Das erfahre ich über sein Aussehen:
Er hat kurze schwarze Haare und trägt gerne Jeans.

Das erfahre ich sonst noch:
Er spielt in seiner Freizeit Basketball und Schach. Er ist für Julian ein guter Gesprächspartner. Er kommt aus Russland, spricht ziemlich gut Deutsch. Er hat immer eine blaue Schultasche dabei.

Aufgabe 6
Seite 69

Tabelle zur Beschreibung einer Person

Gesamteindruck	Gesicht	Körper	Kleidung	besondere Kennzeichen
gepflegt	länglich	schlank	modern	welliges Haar
Mann, mittleres Alter	spitze Nase	sportlich	elegant	blasses Gesicht
Duft: Rasierwasser	kleine Ohren		dunkler Anzug, blaue Krawatte	Sommersprossen

Meine Beschreibung der Person:
Es handelt sich um einen Mann mittleren Alters, der durch sein Äußeres und den Duft seines Rasierwassers einen gepflegten Eindruck macht. Er hat welliges Haar und hat ein längliches, aber blasses Gesicht. Seine Ohren sind klein, er hat eine spitze Nase und Sommersprossen. Seine Figur ist schlank und sportlich. Er ist in seinem dunklen Anzug mit blauer Krawatte modern und elegant gekleidet.

Aufgabe 7
Seite 70

a) Das gesuchte Tier ist ein Elefant.

b) In der Beschreibung erfährt man etwas über:
die Größe des Tieres, die Art des Tieres (Säugetier), seine Nahrung (Pflanzenfresser, Blätter, Zweige), seine besonderen Fähigkeiten (Rüssel als Greifinstrument, Rüssel als Verursacher von Lauten), seine Einzigartigkeit (größtes Säugetier an Land).

Aufgabe 8
Seite 70

Liebe Lina,
stell dir vor, seit letzter Woche habe ich eine Katze, nämlich eine Hauskatze. Eigentlich ist es keine Katze, sondern ein acht Jahre alter kastrierter roter Kater, der ausgewachsen und kräftig ist. Er hört auf den Namen Benny und sieht interessant aus. Er hat goldfarbene Augen und ein rötlich-braunes Fell. Seine Brust und die Pfoten sind jedoch weiß. Besonders schön finde ich sein weiß-rot geringeltes Schwanzende.

Aufgabe 9
Seite 71

Name des Tieres	Bengalischer Tiger
Größe	bis zu drei Meter lang
Gewicht	bis ca. 250 kg
Verhalten	Jäger, Einzelgänger
Nahrung (Beutetiere)	Hirsche, Wildschweine, Büffel, Affen
Lebensraum	Indien
Tragezeit des Weibchens	Junge kommen nach etwa 100 Tagen zur Welt
besondere Fähigkeiten	kann sehr gut sehen und hören, kann seine Beute im Dunkeln aufspüren, ist überaus kräftig, kann sich ganz leise anschleichen
Feinde	Mensch (Wilderei)

Aufgabe 10
Seite 71

Gemeinsamkeiten:
kurze Ohren, braunes glattes Fell, kurze Fellhaare, die Größe der Augen ist gleich

Unterschiede:
Der Marder hat braun-weiße Fellzeichnungen im Gesicht, das Wiesel hat nur an der Unterseite weiße Fellhaare, das Fell des Wiesels ist hellbraun, das des Marders dunkelbraun.

Lösungen

Fitness-Einheit 5 Personen- und Tierbeschreibung

Training

Seite 72–75

Aufgabe 1
Seite 72

a) unrasiert, Doppelkinn, Hakennase, mollig, blaue Augen. Gesichtsmerkmale
b) glatt, kurz, grau, zusammengekniffen, fettig, dünn, dicht. Beschreibung der Haare
c) o-beinig, dick, untersetzt, gescheitelt, schlank, muskulös. Beschreibung der Figur
d) modern, lässig, elegant, alltäglich, vornehm, luxuriös, spitz. Merkmale der Kleidung

---

Aufgabe 2
Seite 72

Stichwortsammlung:
schwarzer Anzug, weißes Hemd, ~~gestreifte~~ Krawatte in der Farbe Beige, ~~schmale~~ Nase, ~~spitzes~~ Kinn, Nickelbrille ~~mit eckigen Gläsern~~, dunkle Augenbrauen, ~~sehr große~~ anliegende Ohren, längliches Gesicht, ~~Haare gescheitelt~~, Haare ~~nach vorne~~ gekämmt und mit Gel gefestigt, dichter Haarwuchs

---

Aufgabe 3
Seite 73

Merkmale zur Beschreibung der Person

Geschlecht	*Mann*
Größe	nicht sehr groß
Gesicht	scharfes, heftiges Profil, glatt rasiert
Haare	ganz kurz, mit grauen Stellen
Kleidung	moderner, bequemer Wintermantel, anständig gekleidet
Verhalten	höflich, freundlich
Herkunft (Vermutung)	aus einem überseeischen Land
persönliche Wertung	unsorgfältig gekleidet, sein Gang gefällt nicht, wirkt mühsam, unentschlossen, er strahlt eine fremde, ungute oder feindliche Atmosphäre aus

---

Aufgabe 4
Seite 73

Kopfform			
	-gur	-ße	-wicht
	-dung	-sur	-schlecht
	-ter	-re	-sicht
	Figur	Größe	Gewicht
	Kleidung	Frisur	Geschlecht
	Alter	Haare	Gesicht

Aufgabe 5
Seite 74

Beschreibung der dargestellten Person:
Es ist eine etwas übergewichtige Frau im mittleren Alter. Sie hat ein rosiges Gesicht, trägt eine Brille und hat graue, glatte, halblange Haare mit einem Scheitel fast in der Mitte. Sie trägt einen karierten grauen Rock und ein rotes T-Shirt, darüber eine lachsfarbene Weste, die sie vorn nur mit einem Knopf zugeknöpft hat. Ihre Schuhe sind schwarz-weiße Halbschuhe. Am rechten Handgelenk trägt sie ein rotes Perlenarmband. Sie hält in der linken Hand eine schwarze Handtasche, in der rechten Hand zwei Einkaufstüten. Unter beide Arme hat sie jeweils eine prall gefüllte Papiertüte geklemmt.

Aufgabe 6
Seite 74

☒ ein Hinweisschild in einem Zoo.

Aufgabe 7
Seite 75

Um das Maul und um die Nase hat das Fell eine schwarze, zwischen Gesicht und Ohren eine weiße Färbung. An den Vorderknien, den Sprunggelenken und Füßen hat das Schaf schwarze Flecken. Dunkle Flecken gibt es auch im Rückenfell. Das Fell ist ockerfarben und dicht.

Verbesserungsvorschlag (Abb. 1):
Um das Maul, um die Nase und um die Augen hat das Fell eine schwarze Färbung.

Abb. 2: Heidschnucke
Geschlecht: Weibchen

Abb. 3: Heidschnucke
Geschlecht: Männchen (Bock)

Das Fell ist lang und dicht, silbergrau bis dunkelgrau. Am Kopf und an den kurzen, stämmigen Beinen ist das Fell kurz und schwarz. Auch die Schnauze ist schwarz. Die Hörner sind beim Weibchen sichelförmig nach hinten gebogen, beim Männchen schneckenförmig, mit den Hornspitzen nach vorn, gekrümmt.

Verbesserungsvorschlag (Abb. 2 u. 3):
Am Kopf und an den langen dünnen Beinen ist das Fell kurz und schwarz.

Check

Seite 76–77

Aufgabe 1
Seite 76

Haltung: gebückt, schief, gebeugt
Haare: spröde, dünn, fettig
Figur: untersetzt, übergewichtig, stämmig

Aufgabe 2
Seite 76

große Ohren, Stirnfalten, dunkle Hautfarbe,
kurzes graues Haar, breite Nase, graue Bartstoppeln

Aufgabe 3
Seite 76

Ihre weißen Zähne standen so sauber in Reih und Glied, dass ich sie für unecht hielt. Die dunklen Punkte auf ihrem weißen Schal wirkten dagegen wie Trauerkugeln. Mit ihren braunen Augen sah sie hübsch aus, ihre herunterhängenden Schultern drückten jedoch Langeweile aus.

Aufgabe 4
Seite 76

tief, groß

Aufgabe 5
Seite 76

Er sieht so aus, als könnte er eine Banane quer fressen.
Das ist gemeint: Er hat einen sehr breiten Mund.

Sie hat Segelohren:
Das ist gemeint: Sie hat abstehende Ohren.

Man meint, er hätte einen Stock verschluckt.
Das ist gemeint: Er hat eine steife Körperhaltung.

Aufgabe 6
Seite 77

- [x] Aggressivität
- [x] Wasserbüffel

Aufgabe 7
Seite 77

Fell: dicht, zottelig
Schwanz: lang, buschig
Hörner: spitz, krumm

Kurs

Seite 80–85

Aufgabe 1
Seite 80

a)
Beschreibe die Person:
Ein junges Mädchen mit mittellangen braunen Haaren sitzt auf einem Sofa. Sie ist von der Seite zu sehen, bis zu den Knien, den Kopf sieht man von vorn. Sie trägt ein helles, gemustertes Kleid. Auf ihrem Schoß hält sie eine schlafende Katze.

Beschreibe die Katze:
Die Katze schläft auf dem Schoß des Mädchens. Der Kopf ist von vorn zu sehen. Das Fell ist zwischen Augen, Nase und Maul weiß, ebenso im Brustbereich und an den Beinen und Pfoten, die Schwanzspitze ist dunkel gefärbt. Am Rücken und am Kopf ist das Fell hell- bis dunkelbraun.

Was fällt dir sonst noch auf?
Das Sofa und die Tapete im Hintergrund sind gemustert.
Es sind keine weiteren Möbel und Personen zu sehen.

b)
Die Kopfform des Mädchen ist rund.
Die Muster im Kleid sind gewellt, spiralförmig und kariert.
Das Mädchen blickt leicht nach rechts unten (zum linken Bildrand).
Die Kopfhaltung ist leicht nach rechts geneigt.

Aufgabe 2
Seite 81

a) **Darstellung der Personen:**
ein Mann und eine Frau am hinteren Tisch links, beide mit Hut, Hut des Mannes hell, sitzen nebeneinander, im Gespräch, ein einzelner vornüber gebeugter Mann am Tisch daneben, Kopf liegt auf den verschränkten Armen, rechts vom Billardtisch ein stehender Mann im hellen Anzug, Gesicht zum Betrachter, am Tisch im Mittelgrund rechts zwei Personen am Tisch sitzend, Kopf des einen liegt auf dem Tisch, der andere stark nach vorn gebeugt, Kopf nach unten, keine Gesichter erkennbar, dunkle Kleidung aller Personen

b)
Eine Person steht, die übrigen sitzen. ☒ trifft zu
In dem Raum sind vier Deckenleuchten zu sehen. ☒ trifft nicht zu
In der rechten und linken Bildhälfte sind jeweils drei Personen. ☒ trifft zu
Im Vordergrund links steht ein einzelner Stuhl. ☒ trifft zu
Drei Personen sitzen nebeneinander. ☒ trifft nicht zu
Auf zwei Tischen stehen Gläser. ☒ trifft nicht zu
Auf dem Billardtisch liegen drei Kugeln. ☒ trifft zu
Zwei Personen tragen helle Hüte. ☒ trifft nicht zu

c)
Die Hauptfarben im Bild sind
rot, braun und grün, ferner gelb und violett.

Aufgabe 3
Seite 82

Es kommen folgende geometrische Formen vor:
Viereck (Rechteck, Trapez), schmale und breitere Farbstreifen und Linien
Die größte Form ist ein gelbes Viereck (Trapez) und befindet sich in der oberen Bildhälfte.

Aufgabe 4
Seite 82

Abb. 4: Eröffnung, Einweihung
Abb. 5: Jubiläum, Geburtstag
Abb. 6: Grillfest
Abb. 7: Fußballturnier

Aufgabe 5
Seite 83

Stichwortsammlung (Das hat mein Wohnort alles zu bieten):
Sportplatz, Bolzplatz, Turnhalle, Jugendzentrum, Imbiss, Pizzeria, Karnevalsverein

Das ist etwas ganz Besonderes an meinem Wohnort:
verlassenes Bergwerk, Karnevalsverein mit vielen Fastnachtsaktivitäten

Folgende Bilder sollen auf mein Plakat:
Bild 1 (wichtigstes Bild): Karnevalssitzung
weiteres Bild: Bergwerk

Diese Überschrift soll mein Plakat haben:
Mein Wohnort xy

Über die Besonderheiten schreibe ich diesen Text:
Das Bergwerk ist seit 1970 nicht mehr in Betrieb, es wird zur Zeit zu Ausstellungszwecken genutzt. Der Karnevalsverein heißt KVW und besteht bereits seit … Jahren. Er hat … Mitglieder.

Aufgabe 6
Seite 84/85

a)
Im ersten Bild rollt ein Mädchen einen schwarz-weiß gestreiften Teppich zusammen, der in ihrem Zimmer liegt. Rechts auf dem Boden steht ihre Schultasche.

Im zweiten Bild steigt sie aus einem Wagen , die Schultasche in der linken Hand, den Teppich über der rechten Schulter. Vermutlich hat ihr Vater oder ihre Mutter sie mit dem Auto mitgenommen.

Im dritten Bild bleibt sie an einer mit Autos befahrenen Straße stehen und beginnt damit den Teppich auseinander zu rollen.

Im vierten Bild überquert sie die Straße auf dem Teppich, den sie zuvor über die gesamte Straßenbreite wie einen Zebrastreifen ausgelegt hat. Die Autos bleiben stehen und lassen sie passieren.

b)
Das Mädchen nimmt den Teppich mit um sicher über die Straße zu kommen.

c)
Die Bildergeschichte ist einerseits zum Schmunzeln, andererseits zum Nachdenken, denn für viele Kinder stehen auf dem Schulweg keine Fußgängerüberwege zur Verfügung.

Aufgabe 7
Seite 85

Überschrift: Großes Oldtimertreffen

Bild(er): Großes Bild von einem oder mehreren Oldtimern, Bild vom Gokartrennen

Anordnung: Oldtimerbild zentral nach oben setzen

Was wird geboten?
Grillfest, Spielzeugautoverkauf, Tombola, Gokartrennen, Prämierung des ältesten Autos

Dazu gibt es schon Infos auf dem unteren Teil des Plakats:
Unkostenbeitrag, Wochentag und Datum des Treffens, Veranstalter (Name und Homepage)

Aufgabe 8
Seite 85

Diese Situation könnte hier dargestellt sein:
Kind auf dem Schulweg

Diese Gedanken könnte die Person haben:
Heute kann ich früher nach Hause. Heute habe ich eine gute Note bekommen.

Training

Seite 86–90

Aufgabe 1
Seite 86/87

Überschrift für mein Plakat:
Nagetiere in meiner Heimat

Auswahl der fünf wichtigsten Merkmale:
weltweit verbreitet, überwiegend Pflanzenfresser, oft Winterschlaf, Feinde sind Greifvögel, vier vergrößerte Schneidezähne

Begründung: Die Merkmale beziehen sich auf unterschiedliche Bereiche, wie z. B. Nahrung, natürliche Feinde, Verbreitung, Verhalten, typische Besonderheiten von Nagetieren

Von den abgebildeten Tieren würde ich diese Bilder auswählen:
Abb. 1 und 2 sind beide denkbar, Abb. 5 und 6 sind ungünstig

Begründung: bei Abb. 1 und 2 Verbindung von Biber und Holz, gute Erkennbarkeit, Abb. 5 ist ungeeignet, da sie nicht das typische Fressverhalten eines Eichhörnchens zeigt, Abb. 6 ist zu ungenau, weil das einzelne Tier nicht klar zu erkennen ist

Ich würde Schriftart Nr. 1, 3, 6, oder 9 für die Überschrift wählen, weil sie sehr gut lesbar sind
Ich würde Schriftart Nr. 2 und 10 nicht auswählen, weil sie schlecht lesbar sind.

Mir gefällt keine der Schriften. Meine bevorzugte Schrift müsste so aussehen: individuell

---

Aufgabe 2
Seite 88

Vordergrund:
in einer kargen Landschaft (vermutlich Wüste) auf dem Boden liegende schlafende Zigeunerin (ihre Körperlänge entspricht der Hälfte der Bildbreite), barfüßig, hält in der rechten Hand einen Stock, bekleidet ist sie mit einem längs gestreiften farbigen Kleid (orange, gelb, blau), neben ihr auf dem Boden eine Laute, daneben steht am rechten Bildrand vorn ein schmaler rötlicher Krug

Mittelgrund:
ein Löwe von der Seite, hinter der Zigeunerin auf einer kleinen Anhöhe, der Schwanz ist zum linken Bildrand hin nach oben gestreckt, seine Blickrichtung geht zum Boden, wo die Person liegt

Hintergrund:
Landschaft mit einer Bergkette, die etwa in der Bildmitte waagerecht verläuft. Es ist keine Vegetation zu erkennen, am Himmel rechts oben sieht man einen Vollmond, der den Himmel in einem hellen Violett erstrahlen lässt.

Aufgabe 3
Seite 88

a)
Format: Querformat

Personen- und Tierbeschreibung:
vorne links eine auf dem Boden sitzende Person mit angewinkelten Beinen, barfüßig, mit langer schwarzer Hose und ärmellosem schwarzen Top, sie ist von der Seite zu sehen und schaut nach rechts, hat eine Mütze auf, am vorderen rechten Bildrand eine Person mit dunkelblauem Oberteil und Mütze, berührt mit der rechten Hand ein schwarzes Pferd, das daneben ebenfalls im Wasser steht, es ist von vorn, aber nur undeutlich zu sehen, im Mittelgrund (linke Bildhälfte) eine auf der Uferböschung auf dem Bauch liegende dunkelblau gekleidete Person, die ein Buch liest und einen hellen Hut trägt

b)
Farbgebung:
orange (sitzende Figur links, Gelände Vordergrund, Hintergrund bei der Brücke), violett (Horizont, Fabrik), rot (Haus rechts hinten), grün (Wiese vorn und im Mittelgrund, Baum linker oberer Bildrand, schwarz (Pferd und sitzende Figur links), dunkelblau (Figur rechts), helles blau (Wasser, Himmel)

Bildhintergrund:
Brücke, Häuser, Fabrikgebäude mit Schornsteinen

Jahreszeit:
Frühsommer, Sommer oder warmer Herbsttag

Aufgabe 4
Seite 89/90

Überschrift (3 mögliche Varianten):
Die Überraschung
Unverhofftes Ende
Wer zuletzt lacht, lacht am besten

Situation 1:
Ein bärtiger Mann steht vor einem Automat, auf dem oben das Wort Lachautomat steht. Darunter befinden sich in kreisförmiger Anordnung sieben kleinere Öffnungen. Der Mann blickt erwartungsvoll nach oben, während er ein Geldstück auf der rechten Vorderseite des Automats einwirft.

Situation 2:
Der Mann drückt auf einen Knopf, der sich unter dem Schlitz für den Münzeinwurf befindet.

Situation 3:
Plötzlich kommt ein Schwall einer Flüssigkeit (vermutlich Wasser) aus den Öffnungen des Automaten. Der Kopf des Mannes wird nass gespritzt.

Situation 4:
Der Mann dreht sich sofort um und schließt die Augen, hält sich beide Hände an Gesicht und Kopf. Aus dem Automaten ertönt ein lautes Lachen (Ha Ha Ha Ha).
Der Mann rechnet fest damit, dass er endlich wieder lachen kann und der Automat hält, was er verspricht. Aber es kommt anders: der Mann hat nichts zu lachen, nur der Automat lacht. Das Wort „Lachautomat" ist wohl nicht eindeutig genug.

Individuell

Check

Seite 91 – 92

Aufgabe 1 Seite 91	Luftballon: Kugel, Ei Streichholzschachtel: Quader Eiswaffel: Kegel
Aufgabe 2 Seite 91	Der rote Kreis befindet sich im linken oberen Drittel, das kleinste Dreieck ist im mittleren Drittel rechts.
Aufgabe 3 Seite 91	Überschrift, Informationsgehalt, Anordnung von Schrift und Bild
Aufgabe 4 Seite 91	Landschaft, Vorhang
Aufgabe 5 Seite 91	Es handelt sich um Vordergrund, Hintergrund, Mittelgrund.
Aufgabe 6 Seite 92	Eine Bildfolge beschreibt eine kurze Handlung. Sie setzt sich zusammen aus mehreren Einzelbildern.
Aufgabe 7 Seite 92	Ein Bildinhalt ist wesentlich, wenn er durch seine Farbgebung, seine Größe oder Position (z. B. im Vordergrund, in der Bildmitte) hervorgehoben ist.
Aufgabe 8 Seite 92	Überschrift: Passt die Überschrift zum Inhalt des Plakats? Anordnung (z. B. Schrift, Bild): Sind Schrift und Bild sinnvoll angeordnet? Ist die Schrift lesbar, das Bild gut zu erkennen?

Kurs Seite 95 – 99

Aufgabe 1
Seite 95

als Erstes, zuletzt, danach, nun, dann

Aufgabe 2
Seite 95

Basteln eines Papierfliegers:
1. DIN-A4-Papier haben wir immer zu Hause.
2. Ich falte ein DIN-A4-Blatt der Länge nach in der Mitte.
3. Es ist nicht gut, wenn das Papier zerknittert ist.
4. Nun falte ich die oberen Ecken (Querseite) zur Mittellinie hin.
5. Jetzt falte ich die dadurch entstandenen Außenecken zur Mittellinie.
6. Danach wende ich das Blatt und falte die Außenseiten zur Mittellinie.
7. Endlich bin ich mit dem Falten fertig.
8. Anschließend klebe ich den Flieger in der Mitte zusammen.
9. Jetzt hoffe ich, dass der Kleber den Flieger auch zusammenhält.
10. Ob ich den Papierflieger anmale, weiß ich noch nicht.

Aufgabe 3
Seite 95

Basteln einer Langnase
Materialliste: Zeichenblock, Lineal, Bleistift, Schere, Tesafilm, Klopapierrolle, Nadel, Kräuselgummi, Wasserfarben, Buntstifte

Aufgabe 4
Seite 96

kochen: Eier, Nudeln
grillen: Steaks, Würstchen
backen: Kuchen
braten: Fleisch
dünsten: Fisch
frittieren: Kartoffeln

Aufgabe 5
Seite 96

a)
Zutaten:
2 Eier Prise Salz, 100 g Zucker, 1 klein geschnittene Vanillestange, 1 TL Backpulver, ¼ l Wasser, 250 g Mehl
Geräte:
Waffeleisen, Rührgerät, Waage, Backschüssel, Gabel

b)
1. Butter schaumig gießen (schlagen) und eine Prise Salz schlagen (dazugeben)
2. Mehl, Backpulver und die klein geschnittene Vanillestange mit der Butter hinzugießen (verrühren)
3. die beiden Eier und den Zucker hinzufügen
4. so lange dazugeben (rühren), bis die Mischung glatt ist
5. noch einmal vorsichtig, allmählich schneller werdend, umrühren
6. während des Umrührens vorsichtig das Wasser rühren (hinzugießen)
7. das Waffeleisen verrühren (einschalten) und vom umgerührten Teig zwei Esslöffel auf die heiße Fläche des Waffeleisens einschalten (gießen)

Aufgabe 6
Seite 97

Zwiebeln kann ich dünsten.
Wasser kann ich kochen.
Möhren muss ich erst schälen.
Eine Prise Salz kann ich dazugeben.
Mit etwas Pfeffer kann ich eine Speise würzen.
Fleisch bereite ich zu, indem ich es brate.
Frischen Fisch kann ich dünsten/braten/grillen.
Sahne kann ich schlagen.
Geriebenen Käse kann ich streuen.
Den Ofen muss ich manchmal auf 180 °C vorheizen.

Aufgabe 7
Seite 97

Käse darüber streuen, aber wie? gleichmäßig
alles mit Pfeffer würzen, aber wie? kräftig
die Sahne schlagen, aber wie? steif
die Soße aufkochen lassen, aber wie? kurz
Zwiebeln schneiden, aber wie? in Würfel, Ringe
die Schokoflocken unter den Teig heben,
aber wie? vorsichtig, behutsam
Tomatensoße auf dem Pizzateig verteilen, aber wie? gleichmäßig

---

Aufgabe 8
Seite 98

individuell

Aufgabe 9
Seite 98

(1) Voraussetzungen, Anzahl, Spieler
(2) Ziel
(3) Vorbereitung
(4) Regeln, Ablauf
(5) Bedeutung einzelner Karten
(6) Spielende

Aufgabe 10
Seite 99

ausleeren	füllen
entnehmen	dazugeben
gegen den Uhrzeigersinn	im Uhrzeigersinn
schließen	öffnen
einlegen	herausnehmen
drücken	ziehen

Training

Seite 100–104

Aufgabe 1
Seite 100

Bastelanleitung für eine Geschenkschachtel:

1. Vorlage ausdrucken, auf das Papier übertragen und ausschneiden.
2. Die inneren Linien falzen und umbiegen.
3. Die Lasche innen aufkleben.
4. Die vorgesehenen Löcher ausstanzen und den Deckel nach innen stecken.
5. Das Band durch die Löcher ziehen und in eine Schleife binden.
6. Blütenformen aus einem Blatt Papier ausschneiden, zwei Schlitze einschneiden und das Band durch diese ziehen.

Aufgabe 2
Seite 101

1. Du druckst die Vorlage aus, überträgst sie auf das Papier und schneidest sie aus.
2. Du falzt die inneren Linien und biegst sie um.
3. Du klebst die Lasche innen auf.
4. Du stanzt die vorgesehenen Löcher aus und steckst den Deckel nach innen.
5. Du ziehst das Band durch die Löcher und bindest es in eine Schleife.
6. Du schneidest Blütenformen aus einem Blatt Papier aus, schneidest zwei Schlitze ein und ziehst das Band durch diese.

Aufgabe 3
Seite 101

Spielanleitung Sackhüpfen:

Ziel: Es geht darum der Schnellste zu sein.

Material: Man braucht irgendwelche Säcke.

Beschreibung: Zwei Gruppen werden gebildet. Ein Mitglied aus jeder Gruppe bindet sich einen Sack um. Der Sack wird mit beiden Händen festgehalten. Die beiden Ersten stellen sich hintereinander auf und versuchen nun zum Ziel zu hüpfen. Alle Mitglieder der beiden Mannschaften müssen die Strecke ablaufen. Die Mannschaft, deren Mitglieder als Erstes im Ziel sind, hat gewonnen.

Meine Verbesserungsvorschläge:
Man braucht Jutesäcke. Ein Mitglied aus jeder Gruppe steigt in einen Sack. Die beiden Ersten stellen sich nebeneinander auf.

Aufgabe 4
Seite 102

Arbeitsschritte: Die Plastikeier mit passenden Farben
☒ anmalen ☐ vermengen
danach ☒ verzieren ☐ ausschneiden
den Basteldraht durch die Löcher des ersten Eies
☒ stecken ☐ drücken ☐ klemmen
dann 2 Perlen, wieder ein Ei, wieder 2 Perlen
☐ herausziehen ☒ auffädeln ☐ einkleben
bis 6 Eier und 12 Perlen auf dem Draht sind.

Die Enden des Drahtes werden
☐ verschweißt ☒ zusammengedreht ☐ weggerollt.

Das Netzband oder Geschenkband
☐ trenne ☐ stelle ☒ lege
6 x zu einer Schleife und
☐ verrühre ☐ bestreiche ☒ befestige
diese in der Mitte mit einem Stückchen Draht.

Die Enden des Basteldrahtes
☒ wickle ☐ schraube ☐ schiebe
jeweils zwischen 2 Perlen, sodass die Schleifen zwischen den Perlen befestigt sind …

Aufgabe 5
Seite 103

Reiscreme mit Äpfeln und Powersprossen

Zutaten:
1 Tasse Jasminreis, 2 Tassen Orangensaft, ½ TL mildes Currypulver, 50 ml Kokosmilch, 4 EL Powersprossen, 1 Apfel

---

Aufgabe 6
Seite 103/104

a)
In der Zutatenliste gibt es
☐ vier ☐ fünf ☒ sechs verschiedene Mengenbezeichnungen.

b)
In Stücke schneiden kann ich ☒ Fleisch ☐ Mehl ☒ Birnen ☐ Reis.

Entkernen kann man
☒ Kirschen ☐ Erdbeeren ☒ Avocados ☐ Bananen.

„Auf kleinster Flamme ziehen lassen“ bedeutet
☐ den Topf auf eine offene Feuerstelle stellen
☐ den Topf auf eine Wärmevorrichtung (Stövchen) stellen
☒ bei niedriger Temperatur kochen.

c)

- [ ] Powersprossen und Apfelstückchen sind vorher gut abzuspülen.
- [x] Die Powersprossen sind erst gut abzuspülen, bevor sie unter die Apfelstückchen gehoben werden.
- [x] Der Orangensaft wird in einem Topf aufgekocht.
- [ ] Die Kokosmilch wird in einen Topf gegeben und aufgekocht.

d)

In dieser Textstelle werden Angaben zur Temperatur gemacht:
lass alles zusammen auf kleinster Flamme ziehen

e)

Dieser Satz enthält einen Tipp:
Die Reiscreme kannst du sowohl kalt als auch warm genießen.

Aufgabe 7
Seite 104

Das Gerät ist ein Toaster.
Es hat folgende Besonderheiten: Bräunungsgrad stufenweise regulierbar, zwei Toastscheiben können gleichzeitig getoastet werden

Check

Seite 105 – 106

Aufgabe 1
Seite 105

Eine Anleitung erklärt einen Handlungsablauf.

Aufgabe 2
Seite 105

- [x] die angebrochene Tube nicht zu lange aufbewahren

Aufgabe 3
Seite 105

Merkmale einer guten Gebrauchsanweisung sind:
leicht verständlich, gut illustriert, übersichtlich

Aufgabe 4
Seite 105

Eine Spielanleitung muss eingehen auf:
die Spielvoraussetzungen, das benötigte Material, außerdem
das Ziel des Spiels, die Spielregeln.

Aufgabe 5
Seite 105

- [ ] Gewonnen hat, wer als Erstes die Ziellinie überschritten hat.
- [x] Das Spiel kann man auch draußen spielen.
- [ ] Sieger ist, wer zum Schluss keine Karten mehr hat.
- [x] Man kann hierbei gewinnen oder ausscheiden.

Aufgabe 6
Seite 105

den Ofen auf 200°C vorheizen Heize den Ofen auf 200°C vor.
das Backblech mit Öl einreiben Reibe das Backblech mit Öl ein.

Aufgabe 7
Seite 105

2 l Wasser, 1 Tafel Tee, 1 EL Zitrone, 1 TL Honig, 1 Flasche Apfelsaft, 1 Packung Kaffee, 3 Mehl, 4 Stücke Würfelzucker

---

Aufgabe 8
Seite 106

pürieren, aufkleben, schälen, entkernen, rühren, bügeln, schneiden, laufen, hacken, schaben

---

Aufgabe 9
Seite 106

Ziehe die Seilenden zu einem festen Knoten zusammen.

Aufgabe 10
Seite 106

Laub